W0348904

Halt machen

Hans Jörg Fehle

Halt machen

Stille-Impulse – auch für Eilige

Matthias Grünewald Verlag

VERLAGSGRUPPE PATMOS

PATMOS
ESCHBACH
GRÜNEWALD
THORBECKE
SCHWABEN

Die Verlagsgruppe
mit Sinn für das Leben

MIX
Papier aus verantwortungsvollen Quellen
FSC® C006701

Für die Schwabenverlag AG ist Nachhaltigkeit ein wichtiger Maßstab ihres Handelns. Wir achten daher auf den Einsatz umweltschonender Ressourcen und Materialien. Dieses Buch wurde auf FSC®-zertifiziertem Papier gedruckt. FSC (Forest Stewardship Council®) ist eine nicht staatliche, gemeinnützige Organisation, die sich für eine ökologische und sozial verantwortliche Nutzung der Wälder unserer Erde einsetzt.

www.gruenewaldverlag.de

Umschlaggestaltung: Finken & Bumiller, Stuttgart
Umschlagabbildung: www.alexkoch.tk/photocase.com
Druck: CPI – Ebner & Spiegel, Ulm
Hergestellt in Deutschland
ISBN 978-3-7867-2920-4

Inhalt

Einleitung

Dieses Buch sagt: Sie dürfen Halt machen. Auch wenn Sie zu den Eiligen gehören, können Sie sich regelmäßig wenigstens Momente der Unterbrechung und der Stille gönnen. Das ist möglich, auch wenn Ihnen nur Zeitstaub zur Verfügung steht. Noch viel mehr natürlich, wenn Sie zu den Zeitreichen gehören. Machen Sie Halt. Sie werden erstaunt sein, wie sehr das vitalisieren kann.

Wohin die Welt taumelt, wenn sie einfach immer weitermacht, ist offensichtlich. Im Klima- und Energiebereich, in der Finanzwelt stehen die Zeichen auf Sturm. Und doch scheint es nicht zu gelingen, einmal wirklich innezuhalten und die Lösung der Probleme von der Wurzel her und mit wirksamen Mitteln anzugehen. – Was für die Gesellschaft als Ganze gilt, stimmt auch im einzelnen Leben. Die Ansprüche der Arbeitswelt und im Beziehungsleben sind so groß geworden, dass viele – zum Teil ohne es zu bemerken – nur noch funktionieren und reagieren bis zum Burnout.

Eine wachsende Zahl von Frauen und Männern aber mag nicht mehr so leben. Sie machen die Erfahrung, dass es möglich ist, bei sich zu sein und bei der Arbeit; bei sich zu sein und in Beziehung zu anderen und zu Gott. Allerdings ist das nicht zu gewinnen durch noch mehr vom Gleichen, sondern nur durch das Haltmachen. Es gilt, die Kunst der Unterbrechung wiederzuentdecken und zu üben. Denn diese eröffnet den Zugang zum Da-sein vor dem Tun und zu den eigenen genuinen Lebensimpulsen. Sie ermöglicht eigenständige Orientierung und hilft, vom Reagieren wieder ins Agieren, ins Leben zu kommen.

Sie können dieses Buch lesen wie ein anderes. Seine Kraft aber wird es entfalten, wenn Sie es tatsächlich zum Haltmachen benutzen und mit ihm in die Stille gehen. Es hilft Ihnen, Ihre Art und Form der Einkehr zu finden in dem Zeitrahmen, der Ihnen gegenwärtig zur Verfügung steht. – Auch völlig Ausgelastete und Eilige haben ihre Möglichkeiten. Denn Einsichten erwachsen nicht nur aus dem Bemühen; Wesentliches wird Ihnen von Gott auch immer wieder zufallen, wie im Schlaf (Psalm 127,2b).

Am Anfang des Buches machen zwei Abschnitte Vor-Gaben deutlich. Am Schluss finden Sie Mit-Gaben, d. h. Anregungen, wie Sie in die Stille finden – mit wenig oder viel Zeit; und wie Sie nach diesem Buch weitergehen können. – Den Kern des Buches aber bilden sechs Themen, denen Sie anhand von je sieben Texten in der Stille nachgehen können. Dieser Teil ist der Übersichtlichkeit wegen in Wochen gegliedert. Dazwischen sind Zu-Gaben eingestreut.
Jeder Tages-Abschnitt besteht aus einem Bibeltext, dessen Wortlaut im Wesentlichen der Einheitsübersetzung entspricht; falls diese Fassung Ihnen Mühe macht, greifen Sie auf eine andere, Ihnen vertraute Übersetzung zurück. Der tägliche Bibeltext wird ergänzt durch eine »Zeile für Eilige«, einen »Impuls für die Stille« und einen »Zusatz für Zeitreiche«.
Kommen Sie mit einem Abschnitt nicht voran, sollten Sie ein wenig ausharren. Tut sich dann noch nichts, gehen Sie zum nächsten.

Ich wünsche Ihnen Gottes Segen fürs Haltmachen, Entdecken und Erkunden!

Hans Jörg Fehle

Ein Gegenüber für die Stille?

Dieses Buch will in die Stille begleiten – in eine Stille, die nicht als Leere erlebt wird, sondern mit einem Gegenüber. Dieses Gegenüber ist zunächst ein Abschnitt aus der Bibel. Denn biblische Worte wollen Menschen in ihrer Lebenssituation ansprechen und bewegen, trotz des historischen und kulturellen Grabens, der besteht. Der Bibeltext will also mit Ihrem Lebenstext ins Gespräch kommen.

Durch den Inhalt der Bibelabschnitte kommt auch Gott als Gegenüber für die Stille in den Blick.

- Wenn ich mit Gott als Gegenüber Mühe habe, kann ich – in der Art eines ernsthaften Spiels – einmal annehmen, dass es das Gegenüber dieser Texte tatsächlich gibt. Und ich kann schauen, wohin mich diese Annahme in der Stille führt.
- Wenn mir Gott als Gegenüber vertraut ist, werden die angeführten Texte in der Stille meine Beziehung zu Gott erneuern und vertiefen.

Uns Menschen als Beziehungswesen kommt es entgegen, auch das Verhältnis zu Gott als Beziehung zu verstehen und zu gestalten. Im christlichen Horizont ist mir dabei verheißen, »Evangelium« – also froh- und freimachende Botschaft – und »Leben in Fülle« (vgl. Johannes 10,10b) zu entdecken.

Überlegungen zum Beten

Vielleicht beten Sie regelmäßig. Vielleicht haben Sie es schon lange nicht mehr getan. So oder so – ein paar Überlegungen zum Beten:

- Mit dem Beten bekommt mein Leben eine Ausrichtung. Was mein Leben ausmacht, ist nicht in mir abgeschlossen. Ich kann hinlegen, was mich bewegt.
- Beim Beten soll ich davon ausgehen, dass es ein Gegenüber gibt, das mich hört und sich für mich interessiert. Ich muss nicht alles mit mir allein ausmachen.
- Das Buch der Psalmen gibt biblisch das Maß für das Beten. Da wird alles unzensiert vor Gott gebracht, was Menschen bewegt: (An-)Klage, Wut, Bitte, Dank, Freude, Lob; Gedanken, Gefühle; Seufzer und Jauchzer.
- Das Gebet ist da, um mich zu äußern; aber auch, um Gott zu mir einzuladen und Gott zuzuhören. Dass sich Gottes Ruhe, Klarheit, Licht und Kraft in der Stille in mir ausbreiten – und Gottes Wort mich erreicht.

Menschen sprechen Gott beim Beten an, z. B. »mein Gott«, »unser Gott«, »lebendiger Gott«. Weil Christinnen und Christen Gott durch Jesus Christus verstehen, wenden viele sich im Gebet auch an »Jesus« oder »Christus«. Und wegen Gottes Geist kommen auch Anreden vor, wie »Heiliger Geist« oder »Heilige Geistkraft« (Ruach, das hebräische Wort für Gottes Geist, ist meist weiblich).
Es sind aber auch andere Anreden möglich wie: »ewiger Gott«, »Du im Himmel«, »Gott meines Lebens«, »Vater/ Mutter im Himmel«, »Du, die zu mir schaut« usw. Die Reihe ist nie abgeschlossen. Und dem biblischen Bilder-

verbot entsprechend, können weibliche Anreden neben männlichen vorkommen.
Suchen Sie die Anrede, die für Sie stimmt; die jene Nähe, Distanz ausdrückt, die Sie in der Gottes Beziehung erfahren. – Und: Stimmt jeden Tag dieselbe Anrede?

Erste Woche
Zur Ruhe finden

Die ersten sieben Bibelworte und Stille-Impulse tragen bei zur Klärung der eigenen Voraussetzungen. Sie schaffen Zugang zur Gestalt der Einkehr, die gegenwärtig möglich ist.

Gott – »Ich-bin-da«

Gott sprach: »Ich habe das Elend meines Volkes in Ägypten gesehen, und ihre laute Klage über ihre Antreiber habe ich gehört. Ich kenne ihr Leid. … Jetzt geh! Ich sende dich zum Pharao. Führe mein Volk, die Israeliten, aus Ägypten heraus!«
Mose antwortete Gott: »Wer bin ich, dass ich zum Pharao gehen und die Israeliten aus Ägypten herausführen könnte?«
Gott aber sagte: »Ich bin mit dir; ich habe dich gesandt, und als Zeichen dafür soll dir dienen: Wenn du das Volk aus Ägypten herausgeführt hast, werdet ihr Gott an diesem Berg verehren.« Da sagte Mose zu Gott: »Gut, ich werde also zu den Israeliten kommen und ihnen sagen: ›Der Gott eurer Vorfahren hat mich zu euch gesandt.‹ Da werden sie mich fragen: ›Wie heißt er?‹ Was soll ich ihnen darauf sagen?«
Da antwortete Gott dem Mose: »Ich bin der ›Ich-bin-da‹«. Und Gott fuhr fort: »So sollst du zu den Israeliten sagen: Der ›Ich-bin-da‹ hat mich zu euch gesandt.«
Exodus 3,7.10–14

ZEILE FÜR EILIGE

Gott nennt sich »Ich bin da – für dich, für euch«.

STILLE-IMPULS

Gott sieht das Elend und will das Volk aus der Sklaverei führen. Doch Mose traut sich nicht. Gott muss ihn für die Aufgabe gewinnen. Deshalb gibt Gott den Gottesnamen preis: »Ich bin da.« Weil Gott ist, wie Gott heißt, wird der Name Gottes in der Bibel gepriesen.

Der Name Gottes sagt mir: Bevor ich selbst bin, muss und mache, ist Gott da; ist Gott da für mich. Denn der Dynamik der hebräischen Sprache entsprechend, kann der Gottesname auch mit »Ich bin da – für dich, für euch« umschrieben werden.
Gibt es Erfahrungen, die mich darin bestärken, dass Gott für mich da ist? – Gibt es Erfahrungen, die mich daran hindern, das zu glauben, weil mir Gott in gewissen Situationen nicht da zu sein schien, scheint?

Grundsätzlich soll ich wissen: Ich darf mich wie Mose – auch fragend, widersprechend – an den lebendigen Gott wenden mit allem, was mich bewegt (vgl. »Überlegungen zum Beten«, S. 10).

ZUSATZ FÜR ZEITREICHE

Ich lasse den Gottes Namen in mich einsinken, indem ich ihn mit meinem Atem verbinde. Auf den Einatem lege ich die Worte »Gott da«, auf den Ausatem »für mich« oder »für uns«.

Ich darf mich zurückziehen

> Jesus sagte zu den Aposteln: »Kommt mit an einen einsamen Ort, wo wir allein sind, und ruht ein wenig aus.«
> Markus 6,31a

ZEILE FÜR EILIGE

»Kommt … und ruht ein wenig«: das kann auch ein tiefes Durchatmen oder ein »Power-Nap« sein.

STILLE-IMPULS

Niemand kann immer nur geben. Auch Jesus zieht sich immer wieder zurück, um mit sich und Gott ins Reine zu kommen. Aus der Ruhe heraus kann er sich den Menschen, den Aufgaben neu stellen.
So führt Jesus auch die Jüngerinnen und Jünger an einen ungestörten Ort, damit sie sich in der Ruhe pflegen.

Ich höre die Einladung Jesu, dass ich zur Ruhe kommen darf. – Gibt es in meinem Alltag einen Ort und eine Zeit, da ich zur Ruhe kommen kann? Was muss ich vorbereiten, was ändern, dass dem so sein kann? (Vgl. »Zeitstaub entdecken«, S. 114, für Eilige und »Halt machen – in die Stille finden«, S. 115, für Zeitreiche.)

Ich versuche, mich in der Ruhe, der Stille zurechtzufinden.

ZUSATZ FÜR ZEITREICHE

Heute atme ich immer wieder tief durch – zwischen zwei Tätigkeiten oder wenn ich warten muss – und versuche, mir die innere Ruhe nicht nehmen zu lassen.

Ich freue mich – mit Leib und Seele

Meine Seele verzehrt sich in Sehnsucht nach dem Tempel des Herrn. Mein Herz und mein Leib jauchzen ihm zu; ihm, dem lebendigen Gott.
Psalm 84,3

ZEILE FÜR EILIGE

»Mein Herz und mein Leib.« – Mein Herz und mein Leib jauchzen Gott zu.

STILLE-IMPULS

Beten heißt nicht, Gott endlich mit meiner Seele zu erreichen; sondern wahrzunehmen, dass Gott schon in mir, um mich herum ist. Als ganzer Mensch bin ich vor Gott und kann Gott preisen – mit Leib und Seele.

Heute will ich mich in der Einkehrzeit bewusst um meinen Körper kümmern:
- Ich dehne und strecke mich.
- Ich spanne Muskeln an und entspanne sie wieder.
- Ich kreise mit den Schultern und drehe mich im Rumpf.
- Ich nehme eine Haltung ein, die ich unangestrengt beibehalten kann.

Kann ich etwas von der Freude empfinden, die der Psalm anspricht? Wo in mir? Auch in meinem Leib?
Kann ich Gott preisen? Oder muss ich heute klagen?

ZUSATZ FÜR ZEITREICHE

Während des Tages, mitten in der Arbeit wiederhole ich eine der Körperübungen und verbinde sie mit dem Satz: »Mein Herz und mein Leib jauchzen ihm zu; ihm, dem lebendigen Gott.« – Wie fühlt sich das an?

Gott ist mit mir vertraut

Gott, du hast mich erforscht, und du kennst mich.
Ob ich sitze oder stehe, du weißt von mir.
Von fern erkennst du meine Gedanken.
Ob ich gehe oder ruhe, es ist dir bekannt;
du bist vertraut mit all meinen Wegen.
Noch liegt mir das Wort nicht auf der Zunge –
du, Herr, kennst es bereits.
Du umschließt mich von allen Seiten
und legst deine Hand auf mich.
Zu wunderbar ist für mich dieses Wissen,
zu hoch, ich kann es nicht begreifen.
Psalm 139,1–6

ZEILE FÜR EILIGE

»Gott, du weißt von mir.« – Ich muss nicht beten. Ich kann beten.

STILLE-IMPULS

Gott ist umfassend mit mir vertraut. – Bringt mich das mit dem Psalm ins Staunen? Oder bedrängt es mich?

Gott interessiert sich – vielleicht mehr als ich mich selbst – dafür, wie es mir geht: meinem Leib und Gemüt; meinen Gedanken und Gefühlen; in meinen Beziehungen, mit Blick auf meinen Lebensweg.

Weil Gott mit mir so vertraut ist, ist mit Gott eine unverstellte, wirklich freie Beziehung möglich. In welche Freiheit das führen kann!
Ich muss nicht beten. Ich kann mir Zeit lassen, meine Gestalt des Betens zu finden. – Das Beten ist eine Form, von meiner Seite die Beziehung zu Gott zu pflegen.

ZUSATZ FÜR ZEITREICHE

Wie soll ich Gott heute ansprechen? Stimmt meine gewohnte Anrede am heutigen Tag? (Vgl. »Überlegungen zum Beten«, S. 10)

Wenn ich meine Türe öffne

Jesus Christus lässt durch Johannes an den Engel (Boten Gottes) der Gemeinde in Laodizea schreiben:
Ich stehe vor der Tür und klopfe an. Wer meine Stimme hört und die Tür öffnet, bei dem werde ich eintreten, und wir werden Mahl halten, ich mit ihm und er mit mir.
Offenbarung 3,20b

ZEILE FÜR EILIGE

Ist »meine Tür« im Augenblick – zu, angelehnt, offen?

STILLE-IMPULS

So wie mit den Menschen in Laodizea, einer Stadt in Kleinasien, spricht Gott auch mit mir. Gott ist bereit, in Jesus Christus zu mir zu kommen und mit mir Mahl zu halten; mein Leben mit mir zu teilen.

Wie geht es mir mit diesem Angebot? – Spüre ich Widerstand? – In welcher Form bin ich bereit, Gott zu mir sprechen und zu mir kommen zu lassen? Welche Form der Einkehrzeit hilft mir dabei? – Was höre ich darin von Gott?

Gott verschafft sich nicht Zugang. Gott hat Zeit. Gott wartet, bis ich bereit bin, meine Tür zu öffnen. Auch durch die Tür kann ich mit Gott reden. Doch wenn ich bereit bin, könnte ich sie öffnen – einen Spalt breit, ein Stück weit, ganz. Die Entscheidung liegt bei mir.

ZUSATZ FÜR ZEITREICHE

Entspricht meine Form der Einkehr meinem »Grad von Offenheit«? Kann ich so hören? – Muss ich Anpassungen vornehmen?

Gottes Güte ist jeden Morgen neu

An meine Not und Unrast denken ist Wermut und Gift. Immer denkt meine Seele daran und ist betrübt in mir. Das will ich mir zu Herzen nehmen, darauf darf ich harren: Die Huld Gottes ist nicht erschöpft, sein Erbarmen ist nicht zu Ende. Neu ist es an jedem Morgen; groß ist deine Treue. Mein Anteil ist Gott, sagt meine Seele, darum harre ich auf ihn.
Klagelieder 3,19–24

ZEILE FÜR EILIGE

Gottes Erbarmen ist an jedem Morgen neu.

STILLE-IMPULS

Mitten unter den Klageliedern des Propheten Jeremia finden sich Worte voller Zuversicht. Gottes Zuneigung und Erbarmen (hebräisch »rachamim«) – ein Ziehen in Gottes Mutterschoß (hebräisch »rächäm«, Gebärmutter) – gegenüber Gottes Menschenkindern ist nicht verbraucht, sondern immer wieder neu.
Darum singt das Kirchenlied: »All Morgen ist ganz frisch und neu des Herren Gnad und große Treu.«

So geburtlich, neu erlebe ich den neuen Tag eher, wenn ich den zu Ende gehenden Tag mit seinen Freuden und Sorgen abschließe; mir vielleicht gar einen Feierabend gönne. So finde ich aus dem Funktionieren zum bewussten Leben eines jeden Tages.

ZUSATZ FÜR ZEITREICHE

Heute überlege ich mir schon am Morgen, wie ich diesen Tag abschließen will – damit ich den folgenden Tag unbelastet beginnen kann (vgl. »Meine Form des Tagesabschlusses«, S. 119).

Jesus interessiert, wie es mir geht

Die Apostel versammelten sich wieder bei Jesus und berichteten ihm alles, was sie getan und gelehrt hatten. Da sagte er zu ihnen: »Kommt mit an einen einsamen Ort, wo wir allein sind, und ruht ein wenig aus.« Denn sie fanden nicht einmal Zeit zum Essen, so zahlreich waren die Leute, die kamen und gingen.
Markus 6,30f

ZEILE FÜR EILIGE

Jesus interessiert, was ich erlebe.

STILLE-IMPULS

Jesus lehrt und heilt. Aber er hört auch zu! Auch darin ist er Abbild des lebendigen Gottes.

Deshalb darf ich mich voll Vertrauen an den lebendigen Gott, an Jesus wenden mit allem, was mich bewegt – mit Dank und Klage, Bitte und Lob; auch mit Unaussprechbarem.

ZUSATZ FÜR ZEITREICHE

Ich bringe vor Gott, was mich nach diesen ersten sieben Bibelworten und Stille-Impulsen bewegt: Wie ist es mir ergangen? Habe ich Neues entdeckt? Wollte Gott mir etwas zeigen? Welche Stimmungen, Gefühle, Hoffnungen stiegen in mir hoch? Haben sich Widerstände gemeldet? Und wie konnte ich damit umgehen? (Vgl. auch »Das Gebet der liebenden Aufmerksamkeit«, S. 82)

Anrufung und Gebet

Mit welcher Anrufung, welchem Vorbereitungsgebet könnten Sie Ihre Einkehr beginnen? – Hier ein paar Vorschläge.

ANRUFUNGEN

Gott, erbarme dich. Amen.

Lebendiger Gott, sei mir spürbar nahe. Amen.

Du Gott, als »Ich bin da« bekannt
seit den Zeiten von Mose, Aaron und Mirjam:
nimm dich um mich an. Amen.

VORBEREITUNGSGEBETE

Lebendiger Gott!
Ich bin da vor dir,
so wie ich bin;
wie es mir zurzeit geht.
Sei du mir jetzt nahe,
dass das geschehen kann,
was für mich heilsam ist;
dass ich höre, was du mir sagen möchtest.
Hilf mir, loszulassen, was dem entgegensteht,
und zuzulassen, was geschehen soll.
Segne diese Einkehr mit deiner Gegenwart.
Amen.

Mein Herr und mein Gott,
nimm alles von mir,
was mich hindert zu Dir.
Mein Herr und mein Gott,
gib alles mir,
was mich fördert zu Dir.
Mein Herr und mein Gott,
nimm mich mir
und gib mich ganz zu eigen Dir,
dann bin ich bei mir.
(nach Niklaus von Flüe)

Formen Sie solche Vorschläge in Ihre persönliche Sprache um.

Zweite Woche
Auf Gott schauen und hören

Diese sieben Bibelworte und Stille-Impulse richten den Blick auf Gott. Sie wollen erkunden, wie sich Gott zeigt und mir zur Zeit entgegenkommt.

Gott hört und sieht

Der Engel Gottes fand Hagar an einer Quelle in der Wüste, an der Quelle auf dem Weg nach Schur. Er sprach: »Hagar, Magd Sarais, woher kommst du, und wohin gehst du?« Sie antwortete: »Ich bin meiner Herrin Sarai davongelaufen.« Da sprach der Engel Gottes zu ihr: »Geh zurück zu deiner Herrin, und ertrag ihre harte Behandlung!« Der Engel Gottes sprach zu ihr: »Deine Nachkommen will ich so zahlreich machen, dass man sie nicht zählen kann.« Weiter sprach der Engel Gottes zu ihr: »Du bist schwanger, du wirst einen Sohn gebären und ihn Ismael (Gott hört) nennen; denn der Herr hat auf dich gehört in deinem Leid.« … Da nannte sie Gott, der zu ihr gesprochen hatte: El-Roï (Gott, der nach mir schaut). Sie sagte nämlich: »Habe ich hier nicht nach dem geschaut, der nach mir schaut?« Darum nannte sie den Brunnen Beer-Lahai-Roï (Brunnen des Lebendigen, der nach mir schaut). Er liegt zwischen Kadesch und Bered.
Genesis 16,7–11.13f

ZEILE FÜR EILIGE

Gott schaut zu mir.

STILLE-IMPULS

Gott hört und sieht, wie es Hagar geht. Gott schaut zu ihr.

Gott fragt nach dem Woher, dem Wohin. Auch mich. Das könnte wohltun.

Gibt es in meinem Leben die Erfahrung, dass Gott zu mir schaut? Dass Gott mein Leben bewahrt hat? – Und wo gibt es das Gefühl, Gott habe es nicht getan? Wirkt etwas davon nach in meiner Beziehung zu Gott?
Ich versuche, beides – mit Dank und Klage – vor Gott zu bringen.

ZUSATZ FÜR ZEITREICHE

Ich lasse den Namen, den Hagar Gott gibt, in mich einsinken, indem ich ihn mit meinem Atem verbinde: auf den Einatem lege ich das Wort »Gott«, auf den Ausatem »der zu mir schaut« oder »die zu mir schaut«.

Gott spricht und ruft ins Leben

Gott sagt durch Jesaja:
Meine Gedanken sind nicht eure Gedanken, und eure Wege sind nicht meine Wege – Spruch des Herrn. So hoch der Himmel über der Erde ist, so hoch erhaben sind meine Wege über eure Wege und meine Gedanken über eure Gedanken. Denn wie der Regen und der Schnee vom Himmel fällt und nicht dorthin zurückkehrt, sondern die Erde tränkt und sie zum Keimen und Sprossen bringt, wie er dem Sämann Samen gibt und Brot zum Essen, so ist es auch mit dem Wort, das meinen Mund verlässt: Es kehrt nicht leer zu mir zurück, sondern bewirkt, was ich will, und erreicht all das, wozu ich es ausgesandt habe.
Jesaja 55,8–11

ZEILE FÜR EILIGE

Gott ruft ins Leben – auch mich.

STILLE-IMPULS

Das Wort Gottes hat (Schöpfer-)Kraft; es hat Folgen. Das Wort Gottes ruft ins Leben; es bringt zum Wachsen, zur Entfaltung. Das Wort Gottes birgt Segen.
Kann ich das für mich entdecken?

Welche Erfahrungen habe ich mit Worten? Kenne ich wirksame Worte? Aufbauende? Zerstörende? – Gibt es Worte, die nichts nützen, genützt haben? Welche Worte hallen in mir nach?

Wie nehme ich Gottes Stimme wahr? Als Wort? Als Rührung? Vielleicht mit Tränen?

ZUSATZ FÜR ZEITREICHE

Ich blicke heute ab und zu zum Himmel und lasse in mir Worte nachklingen, wie: »So hoch erhaben sind meine Wege über eure Wege.« – Oder: »Das Wort, das meinen Mund verlässt, … bewirkt, was ich will.«

Gott sorgt vor

Gott, Ost und West erfüllst du mit Jubel. Du sorgst für das Land und tränkst es; du überschüttest es mit Reichtum. Der Bach Gottes ist reichlich gefüllt, du schaffst ihnen Korn; so ordnest du alles. Du tränkst die Furchen, ebnest die Schollen, machst sie weich durch Regen, segnest ihre Gewächse. Du krönst das Jahr mit deiner Güte, deine Spuren triefen von Fett. In der Steppe prangen die Auen, die Höhen umgürten sich mit Jubel. Die Weiden schmücken sich mit Herden, die Täler hüllen sich in Korn. Sie jauchzen und singen.
Psalm 65,9b–14

ZEILE FÜR EILIGE

Sehe ich heute irgendwo, dass Gottes Spuren natürlicher Überfluss folgt?

STILLE-IMPULS

Dem Beter, der Beterin des 65. Psalms gehen die Augen auf für die Wunder der Schöpfung. Wie großzügig und fürsorglich Gott darin handelt!

Kann ich zu solchem Staunen, zu solcher Daseinsfreude finden und Gott als Schöpfer preisen? Was erzählt mir die gegenwärtige Jahreszeit von der vorsorglichen Güte Gottes in der Schöpfung?

Im 21. Jahrhundert gäbe es genug Nahrungsmittel, um alle Menschen zu ernähren – wenn dieses Ziel Vorrang hätte.

ZUSATZ FÜR ZEITREICHE

Heute könnte ich einen Stall-Besuch, einen ›Schöpfungs-Spaziergang‹ machen, an einem Bach entlang gehen o. Ä. – und schauen und riechen und mich bewegen lassen von all dem Leben: den Gerüchen, den Klängen, den Farben, den Formen.

Gott liebt – und verkörpert sich in Jesus Christus

Liebe Brüder und Schwestern, wir wollen einander lieben; denn die Liebe ist aus Gott, und jeder, der liebt, stammt von Gott und erkennt Gott. Wer nicht liebt, hat Gott nicht erkannt; denn Gott ist die Liebe. Die Liebe Gottes wurde unter uns dadurch offenbart, dass Gott seinen einzigen Sohn in die Welt gesandt hat, damit wir durch ihn leben. Nicht darin besteht die Liebe, dass wir Gott geliebt haben, sondern dass er uns geliebt und seinen Sohn als Sühne für unsere Sünden gesandt hat.
1. Johannesbrief 4,7–10

ZEILE FÜR EILIGE

Gott ist die Liebe und Quelle meiner Liebe.

STILLE-IMPULS

Johannes lädt zu lieben ein, weil wir dann Gott entsprechen und unsere menschliche Berufung und Bestimmung leben. Denn Gott ist Liebe, und das ist in Jesus Christus sichtbar geworden. Er bereinigt unsere Beziehung zu Gott in die Gotteskindschaft hinein, sodass wir uns als versöhnte Söhne und Töchter Gottes verstehen können.

Wo erlebe ich in meinem Leben Liebe? Wo habe ich Liebe erfahren? – Kann ich mich einfach lieben lassen? – Was hilft mir, hindert mich daran, zu lieben bzw. mich lieben zu lassen?

Hat Gott für mich wirklich mit Liebe (die ich gebe? die ich erhalte?) zu tun? Oder womit sonst? – Was hindert oder drängt mich, mich von Gott lieben und ins Lieben, ins Leben führen zu lassen?

ZUSATZ FÜR ZEITREICHE

Ich will heute versuchen, die Liebe zu meinen Lieben – auch gegenüber Gott – auszudrücken. Mit welchen Worten? Mit welchen Gesten?

Gott ist nahe und macht frei

Nachdem man Johannes ins Gefängnis geworfen hatte, ging Jesus wieder nach Galiläa; er verkündete das Evangelium Gottes und sprach: »Die Zeit ist erfüllt, das Reich Gottes ist nahe. Kehrt um, und glaubt an das Evangelium!«
Markus 1,14f

ZEILE FÜR EILIGE

Wende dich Gott zu und lebe aus Gottes Zuwendung.

STILLE-IMPULS

Evangelium (griechisch: eu-angelion) ist eine froh-, freimachende Nachricht von einem Sieg.
Als Johannes der Täufer verhaftet wird, greift Jesus dessen Botschaft auf: »Das Reich Gottes, Gott selbst ist nahe. Darum wendet euch Gott zu, und lebt aus dieser ›guten Nachricht‹ von Gottes Nähe.« Anders als für Johannes ist für Jesus aber die Zeit der Vorbereitung vorüber. Für ihn bricht das Reich Gottes jetzt an.

Es gibt Nähe, die bedrängt und bedrückt. – Aber es gibt auch Nähe, die wohltut; die in Schwingung versetzt; wo ein Funken springt. So will mir Gott durch Jesus nahe kommen und neues Leben ermöglichen.

Welche Erfahrungen habe ich mit Nähe? Wie wirken sie nach, wenn mir Gott nahe kommt? Kann ich mich in Schwingung versetzen lassen oder blockiere ich?

ZUSATZ FÜR ZEITREICHE

»Die Zeit ist erfüllt, das Reich Gottes ist nahe. Kehrt um, und glaubt an das Evangelium!« Was heißt das für mich? – Ich sammle den Tag über Gedanken auf Notizzettel oder in eine Datei.

Gottes Nähe heilt

Am Sabbat lehrte Jesus in einer Synagoge. Dort saß eine Frau, die seit achtzehn Jahren krank war, weil sie von einem Dämon geplagt wurde; ihr Rücken war verkrümmt, und sie konnte nicht mehr aufrecht gehen. Als Jesus sie sah, rief er sie zu sich und sagte: »Frau, du bist von deinem Leiden erlöst.« Und er legte ihr die Hände auf. Im gleichen Augenblick richtete sie sich auf und pries Gott.
Lukas 13,10–13

ZEILE FÜR EILIGE

Das Evangelium will mich und andere aufrichten.

STILLE-IMPULS

Jesus lehrt – mit offenen Augen und direktem Bezug: Er sieht die Frau in der Synagoge und nimmt die Kraft wahr, die sie plagt – schon so lange. Jesus spürt ihre Not, spricht sie an. Sie tritt aus ihrer Isolation und setzt sich aus: »Frau, du bist von deinem Leiden erlöst.« Sie lässt sich anrühren, richtet sich auf und preist Gott. Ihr Unvorstellbares, kaum mehr Erhofftes ist geschehen.

Kann, was diese Frau erlebt hat, auch mir geschehen? Wovon möchte ich erlöst werden? Wo möchte ich mich aufrichten?
Fühle ich mich angesehen – von Gott, von Jesus, von Mitmenschen?

Kann ich mich aufrichten, auch wenn ›der verkrümmte Rücken‹ bleibt?

ZUSATZ FÜR ZEITREICHE

Heute richte ich mich immer wieder bewusst auf und strecke die Arme, die Hände, die Beine, die Füße – in einem Maß, das möglich ist und mir guttut.

Gott stiftet Gemeinschaft

Viele Nationen machen sich auf den Weg. Sie sagen: »Kommt, wir ziehen hinauf zum Berg des Herrn und zum Haus des Gottes Jakobs. Er zeige uns seine Wege; auf seinen Pfaden wollen wir gehen.« Denn von Zion kommt die Weisung, aus Jerusalem kommt das Wort Gottes. Er spricht Recht im Streit vieler Völker, er weist mächtige Nationen zurecht [bis in die Ferne]. Dann schmieden sie Pflugscharen aus ihren Schwertern und Winzermesser aus ihren Lanzen. Man zieht nicht mehr das Schwert, Volk gegen Volk, und übt nicht mehr für den Krieg. Jeder und jede sitzen unter ihrem Weinstock und unter ihrem Feigenbaum, und niemand schreckt sie auf.
Micha 4,2–4a

ZEILE FÜR EILIGE

Schwerter zu Pflugscharen – am heutigen Tag.

STILLE-IMPULS

In dieser Vision, die den Propheten Micha und Jesaja zufällt, machen sich nicht nur Einzelne, sondern viele Völker auf zu Gott. Denn da wird Recht gesprochen; auch mächtige Nationen müssen sich beugen. Und Streit und Krieg finden ein Ende in der Friedensordnung, im Schalom Gottes.

Wie groß ist die Sehnsucht nach einer solchen Transformation, nach einem solchen Leben ohne Aufschrecken; einem Leben, das die Früchte der Arbeit genießen kann!

Trotz der aktuellen Weltlage ist das nicht für irgendwann später. Es bricht mit Jesus an. Denn er bringt die alten Gegensätze zwischen Herr und Knecht, zwischen Mann und Frau, zwischen Eigenen und Fremden in Bewegung (vgl. Galater 3,26–28).

ZUSATZ FÜR ZEITREICHE

Ein Stück Gegenwartsanalyse: Woher stamme ich? Und woher meine Nachbarinnen und Nachbarn? Die Menschen in meinem Viertel, meinem Ort? – Wie unterschiedlich leben Frauen, Männer und Kinder miteinander? – Kenne ich noch Herren, Knechte, Mägde?

Umkehrgebet

Mit der Widersprüchlichkeit und Brüchigkeit des eigenen Lebens umzugehen, ist nicht einfach. Hier ein Vorschlag, wie sie vor Gott gebracht werden können:

Gott!
Du bist mit mir vertraut
und kennst mich besser,
als ich mich selber kenne.
Du weißt, wie nötig ich es habe,
ganz von dir durchwirkt zu werden –
von deinem Licht und deiner Liebe.

Und doch zögere ich,
mich dir zu öffnen
– aus Scham, auch aus Furcht.
Was ich dir aussetzen sollte, möchte,
stört mein Bild von mir.
Es schmerzt.
Ich habe es tief vergraben.

Dabei will es jetzt ans Licht.
Es hat die Verheißung vernommen,
dass ich zu mir stehen könnte
und Klärung, Lösung, Befreiung,
Heilung und neues Leben möglich ist.

Darum hilf, Gott, hilf,
dass ich dir heute nicht ausweiche,
dass ich mich dir ganz zuwende
und dir vertraue,

dass ich aus deiner Zuwendung
neu leben lerne.

Dank sei dir, Gott,
dass du dich um mich annimmst
und neues Leben schaffst.
Amen.

Dritte Woche
Mich sehen mit den Augen Gottes

Sieben Bibelworte und Stille-Impulse zur Frage: Wie sieht Gott mich als Mensch? Es wird sich zeigen, ob ich mich auch so sehen kann und was das bewirkt.

Ich bin Gottes geliebtes Kind

In jenen Tagen kam Jesus aus Nazaret in Galiläa und ließ sich von Johannes im Jordan taufen. Und als er aus dem Wasser stieg, sah er, daß der Himmel sich öffnete und der Geist wie eine Taube auf ihn herabkam. Und eine Stimme aus dem Himmel sprach: »Du bist mein geliebter Sohn, an dir habe ich Gefallen gefunden.« Danach trieb der Geist Jesus in die Wüste.
Markus 1,9–12

ZEILE FÜR EILIGE

Ich bin Gottes geliebte Tochter. Es freut Gott, dass es mich gibt.
Ich bin Gottes geliebter Sohn. Es freut Gott, dass es mich gibt.

STILLE-IMPULS

Mit vielen anderen geht Jesus zu Johannes an den Jordan und lässt sich taufen. Da macht eine Stimme vom Himmel Jesus ganz bewusst, wer er ist: Gottes geliebter Sohn. Das ist ein überwältigendes Erlebnis, das Jesus klären muss – in der Wüste.

Die Stimme vom Himmel, Gott sagt auch mir zu: »Du bist mein geliebter Sohn/meine geliebte Tochter. Es freut mich, dass es dich gibt.«

Was geschieht mit mir, wenn dieser Zuspruch Gottes meine Person-Mitte erreicht, mich ganz durchdringt und für mich, mein Leben grundlegend wird?
Kann ich Stimmen, die anderes behaupten, beklagen und wegschicken?

ZUSATZ FÜR ZEITREICHE

Ich versuche, über Menschen, denen ich heute begegne, den Zuspruch Gottes zu hören: »Du bist mein geliebtes Menschenkind. Es freut mich, dass es dich gibt.« – Was bewirkt das für unsere Beziehung?

Ich bin ein Tempel des Heiligen Geistes

Paulus schreibt an die Gemeinde in Korinth:
Wisst ihr nicht, dass euer Leib ein Tempel des Heiligen Geistes ist, der in euch wohnt und den ihr von Gott habt? Ihr gehört nicht euch selbst; denn um einen teuren Preis seid ihr erkauft worden. Verherrlicht also Gott in eurem Leib!
1. Korinther 6,19f

ZEILE FÜR EILIGE

Mein Leib – ein Tempel von Gottes Geist.

IMPULS

Der Leib – ein »sakraler Raum«, in dem der Heilige Geist wohnt, weshalb wir nicht einfach uns selbst gehören: Das sind möglicherweise fremde, aber höchst anregende Bilder.

Der Gedanke an sich erstaunt nicht, weil es im Johannes-Evangelium ja auch heißt: »das (göttliche) Wort ist Fleisch geworden« (Johannes 1,14a) in Jesus Christus. – Er hat uns mit dieser In-karnation »teuer erkauft«, Leiden und Tod auf sich genommen.

Mein »Esel Leib«, wie Franz von Assisi den Körper nannte, als »Tempel des Heiligen Geistes«? Der Leib, der mich verkörpert; der mich, meine Lebenslast durchs Leben trägt; der als Werkzeug dient, auch Quelle von Freude ist; der oft vor dem Kopf merkt, wenn etwas bei mir nicht stimmt.

Welcher Geist herrscht in meinem Leib, in meiner ganzen Person? Zu wem gehöre ich? – Wie gehe ich mit meinem Leib um? Wie und wann preise ich Gott mit meinem Leib?

ZUSATZ FÜR ZEITREICHE

In einer Dehnung, einem tiefen Durchatmen oder sonst einer Körperübung den Tempel spüren, der ich bin, und den Atem Gottes wahrnehmen, der mich belebt.

Ich bin widersprüchlich

Paulus schreibt an die Gemeinde in Rom:
Das Wollen ist bei mir vorhanden, aber ich vermag das Gute nicht zu verwirklichen. Denn ich tue nicht das Gute, das ich will, sondern das Böse, das ich nicht will. Wenn ich aber das tue, was ich nicht will, dann bin nicht mehr ich es, der so handelt, sondern die in mir wohnende Sünde. Ich stoße also auf das Gesetz, dass in mir das Böse vorhanden ist, obwohl ich das Gute tun will. Denn in meinem Innern freue ich mich am Gesetz Gottes, ich sehe aber ein anderes Gesetz in meinen Gliedern, das mit dem Gesetz meiner Vernunft im Streit liegt.
Römer 7,18b–23b

ZEILE FÜR EILIGE

Auch ich bin, auch der Gerechte ist widersprüchlich.

STILLE-IMPULS

Paulus erlebt sich im Widerstreit. Obwohl er nach der guten Weisung des (mosaischen) Gesetzes leben will, befolgt er sie nicht konsequent. Es ist in ihm Begehren, das ihn von einem gottgefälligen Leben wegführt. So entsteht ein innerer Kampf, den er, allein auf sich gestellt, nicht gewinnen, nicht in Frieden überführen kann.

Kenne ich solchen Widerstreit in mir? Wer oder was streitet mit wem? Welche Rolle spielt mein Gewissen? Kann ich zu meiner Widersprüchlichkeit stehen?

Wenn ich den Widerstreit mit Klage und Bitte vor Gott bringe, kann die Beziehung zu Gott wahr und umfassend werden. (Vgl. »Umkehrgebet«, S. 46)

ZUSATZ FÜR ZEITREICHE

Ich erfasse heute einmal meine Fehler – als »Sündenregister« auf Zetteln, als Datei. Nicht um mich zu be-schweren, sondern um mich einmal nicht um meine Schwächen herumzumogeln. – Was mir dabei auffällt, klage ich Gott im »Gebet der liebenden Aufmerksamkeit«.

Ich bin auf (Er-)Lösung angewiesen

Paulus schreibt im Brief an die Gemeinde in Rom:
Jetzt aber ist unabhängig vom Gesetz die Gerechtigkeit Gottes offenbart worden, bezeugt vom Gesetz und von den Propheten: die Gerechtigkeit Gottes durch das Vertrauen auf Jesus Christus, offenbart für alle, die (so) vertrauen. Denn es gibt keinen Unterschied: Alle haben gesündigt und die Herrlichkeit Gottes verloren. Ohne es verdient zu haben, werden sie gerecht, dank Gottes Zuwendung, durch die Erlösung in Christus Jesus.
Römer 3,21–24

ZEILE FÜR EILIGE

Ohne es verdient zu haben, werde ich gerecht dank Gottes Zuwendung.

STILLE-IMPULS

Der Wunsch des frommen Saulus war es, in allem der guten Weisung des (mosaischen) Gesetzes zu entsprechen und so gerecht vor Gott zu sein; deshalb meinte er auch, es sei seine Pflicht, die »ketzerischen Christen« zu verfolgen.
Durch die umwerfende Begegnung mit dem auferstandenen Christus aber (vgl. Apostelgeschichte 9,1–20) geht Paulus im Jetzt auf, dass es so nicht geht. Er soll sich von Gott annehmen und von Jesus Christus in ein neues Leben leiten lassen.

Was bedeutet es mir, dass Gott mich als begrenztes, fehleranfälliges, widersprüchliches Geschöpf annimmt – also mir gerecht wird? Was kann aus meinen Fehlern, meiner Schuld werden, wenn ich sie Gottes Liebe aussetze? (Vgl. auch »Umkehrgebet«, S. 46)

Gibt es Bereiche, in denen ich perfekt sein will oder muss? Auch gegenüber Gott? – Wie gehe ich mit diesen eigenen und fremden Ansprüchen um?

ZUSATZ FÜR ZEITREICHE

Wie tief setzen mir meine Widersprüche zu? Machen Sie mir Mühe, die ich mit einem Gebet nicht ablegen kann? Dann sollte ich in diesen Tagen ein Gespräch mit einer Seelsorgerin, einem Seelsorger vereinbaren.

Ich bin begabt

Jesus sprach: Es ist wie mit einem Mann, der auf Reisen ging: Er rief seine Diener und vertraute ihnen sein Vermögen an. Dem einen gab er fünf Talente Silbergeld, einem anderen zwei, wieder einem anderen eines, jedem nach seinen Fähigkeiten. Dann reiste er ab. Sofort begann der Diener, der fünf Talente erhalten hatte, mit ihnen zu wirtschaften, und er gewann noch fünf dazu. Ebenso gewann der, der zwei erhalten hatte, noch zwei dazu. Der aber, der das eine Talent erhalten hatte, ging und grub ein Loch in die Erde und versteckte das Geld seines Herrn.
Matthäus 25,14–18

ZEILE FÜR EILIGE

Ich bin begabt. – Doch habe ich auch Talente vergraben?

STILLE-IMPULS

Der Mensch im Gleichnis Jesu vertraut sein Vermögen seinen Knechten an: jeder bekommt Talent, wenn auch unterschiedlich viel. Er traut ihnen zu, dass sie damit produktiv umgehen.

Auch ich habe Talent bekommen (mindestens eins) – im finanziellen und im übertragenen Sinn. Ja, ich bin begabt! Und Gott wartet darauf, dass ich diese Gabe(n) nutze. Denn sie sind Teil von Gottes »Vermögen«, die Welt zu gestalten.

Welche Talente, Begabungen habe ich? Was mache ich daraus? Kenne ich eigene Gaben, die begraben wurden, die ich begraben habe? Was hindert mich, schlummernde Gaben freizulegen?

ZUSATZ FÜR ZEITREICHE

Heute gestatte ich mir, eine meiner vernachlässigten oder ungenutzten Gaben zu nutzen – eine alltagspraktische, eine künstlerische, eine …

Ich arbeite – im Weinberg Gottes

Jesus sprach: Denn mit dem Himmelreich ist es wie mit einem Gutsbesitzer, der früh am Morgen sein Haus verließ, um Arbeiter für seinen Weinberg anzuwerben. Er einigte sich mit den Arbeitern auf einen Denar für den Tag und schickte sie in seinen Weinberg. Um die dritte Stunde ging er wieder auf den Markt und sah andere dastehen, die keine Arbeit hatten. Er sagte zu ihnen: »Geht auch ihr in meinen Weinberg! Ich werde euch geben, was recht ist.« Und sie gingen. Um die sechste und um die neunte Stunde ging der Gutsherr wieder auf den Markt und machte es ebenso. Als er um die elfte Stunde noch einmal hinging, traf er wieder einige, die dort herumstanden. Er sagte zu ihnen: »Was steht ihr hier den ganzen Tag untätig herum?« Sie antworteten: »Niemand hat uns angeworben.« Da sagte er zu ihnen: »Geht auch ihr in meinen Weinberg!« Als es nun Abend geworden war, sagte der Besitzer des Weinbergs zu seinem Verwalter: »Ruf die Arbeiter, und zahl ihnen den Lohn aus.«
Matthäus 20,1–8b

ZEILE FÜR EILIGE

Meine Arbeit ist Schaffen im Weinberg Gottes.

STILLE-IMPULS

Mit dem Himmelreich ist es wie ...: in jüdischer Tradition führt Jesus mit einem Beispiel in die Beschäftigung mit der neuen Welt Gottes; dabei geht es ihm um Auseinandersetzung, nicht unbedingt um Zustimmung.
Jesus entwirft ein Bild von Gottes Reich: da finden alle Arbeit, die sich auf dem Markt einfinden. In seinem Weinberg, in der neuen Welt Gottes kann und will Gott auf niemanden verzichten.
Es baut sich eine Spannung auf zur damaligen und heutigen sozialen Wirklichkeit mit Erwerbslosigkeit und prekären Arbeitsverhältnissen.

Wenn Gott alle beschäftigt, dann muss meine Arbeit – in Form von Erwerbsarbeit, aber auch von Haus- oder Beziehungsarbeit usw. – etwas mit Gottes Weinberg zu tun haben. Das gäbe, gibt jeder Arbeit grundsätzlich Würde. Aber es fordert auch heraus: Arbeite ich gott-gefällig?

Was ist mein Weinberg: mein Haushalt, meine Erwerbsarbeit, meine Familie, die Kirche, die Welt? Kann ich meinen »Weinberg« als Teil von Gottes Weinberg sehen?

ZUSATZ FÜR ZEITREICHE

Wenn möglich, gönne ich mir heute einen Feierabend und betrachte meinen Weinberg, die Folgen und Früchte meiner Arbeit – mit Blick auf die ›neue Welt Gottes‹.

Ich lebe von Gott her – auf Gott zu

Freu dich, junger Mensch, in deiner Jugend, sei heiteren Herzens in deinen frühen Jahren! Geh auf den Wegen, die dein Herz dir sagt, zu dem, was deine Augen vor sich sehen. Aber sei dir bewusst, dass du all das Gott gegenüber verantworten musst. … Denk an deinen Schöpfer in deinen frühen Jahren, ehe die Tage der Krankheit kommen und die Jahre dich erreichen, von denen du sagen wirst: »Ich mag sie nicht!« … Ja, ehe die silberne Schnur zerreißt, die goldene Schale bricht, der Krug an der Quelle zerschmettert wird, das Rad zerbrochen in die Grube fällt, der Staub auf die Erde zurückfällt als das, was er war, und der Atem zu Gott zurückkehrt, der ihn gegeben hat.
Kohelet 11,9; 12,1.6f

ZEILE FÜR EILIGE

Lebe dein Leben – mit Gott, dem Ursprung und Ziel deines Lebens.

STILLE-IMPULS

Auch das steht also in der Bibel: dass wir das Leben genießen sollen, solange es zu genießen ist, bevor Beschwerden Überhand nehmen.

Aus Sicht der Bibel ist der Mensch Geschöpf Gottes: Mein Leben kommt von Gott und kehrt heim zu Gott; mehr muss ich nicht wissen. Dass mein Woher und Wohin, mein Ursprung und Ziel bei Gott liegen, kann mich je für meine Gegenwart befreien.

Als Geschöpfe Gottes sind wir Geborene und Sterbliche – nicht selbst gemacht. Ich bin, bevor ich mache. Nicht einsam, sondern dem Schöpfer ver-antwort-lich, weil es Gott darauf ankommt, was aus dem Leben wird.

Geben mir meine Geburt, mein Tod zu denken? – In den Bildern von Kohelet scheint auf, was Leben kostbar macht und sich mit dem Tod verändert:

- Die silberne Schnur weist auf wichtige Beziehungen.
- Die goldene Schale birgt das wertvolle Leben.
- Der Krug erinnert ans Schöpferisch-sein.
- Das Rad ans Rührig-sein.

ZUSATZ FÜR ZEITREICHE

Wann war ich zum letzten Mal auf einem Friedhof – mit einem Blick für das, was das Leben kostbar macht?

Schlummernde Bibelworte

»Da erging in der Wüste das Wort Gottes an Johannes, den Sohn des Zacharias.« (Lukas 3,2)

Es gibt schlafende Sätze in der Bibel, so stelle ich es mir vor, die sich dort ausruhen und Kraft sammeln und die, wenn ich alt bin, zu mir kommen werden, um mir etwas zu sagen. Andere haben mich längst wieder verlassen und sind zurückgekehrt und nur noch im Buch oder gar nicht mehr mit mir unterwegs. Einige Wörter sind schon wach und schauen mich an, Wörter blinzeln mir zu, und ich weiß nicht warum; ich weiß nicht, was sie wollen von mir oder mit mir. Irgendwann werden sie geschehen, sich losreißen und mir ins Herz dringen.

Die Bibel ist ein lebendiges Buch – richtig tot und abgetan für alle Zeiten ist nichts in ihr. Im fünfzehnten Jahr der Herrschaft des Kaisers Tiberius sprang ein Bibelwort Johannes den Täufer an. Hunderte von Jahren hatte es geruht, seit Jesajas Zeiten. Doch nun war es soweit. Das Wort ging los, auf Johannes; das Wort geschah, übersetzt Martin Luther. So wie eine Knospe plötzlich aufbricht oder ein Vulkan mit einem Mal wieder Feuer spuckt – so traf es ihn. Es war soweit. Er spürte Gottes Auftrag. Er musste los, die Wüste verlassen, hin zum Jordan, um zu predigen und zu taufen. Das alte Wort des Jesaja: »Alle Menschen werden den Heiland sehen. Bereitet dem Herrn den Weg!« hatte ihn ergriffen.

Ich weiß nicht, wie viele Sätze in der Bibel auf mich warten. Ich weiß nicht, welche Bibelworte für Sie, die Sie dies lesen, in ihr liegen und warten, um in unser Leben einzugreifen. Doch eines weiß und glaube ich: die Bibel brodelt. Dauernd sind Wörter unterwegs, uns aufzurütteln oder sanft zu trösten. Und manche Wörter schlafen, bis ihre Zeit gekommen ist.

Maria Jepsen

Vierte Woche
Die Spur Jesu aufnehmen

Mit diesen sieben Bibelworten und Stille-Impulsen nehme ich die Spur Jesu auf. Mag ich ihr folgen?

Jesus lädt zu sich ein und beruft

Am Tag darauf stand Johannes wieder dort, und zwei seiner Jünger standen bei ihm. Als Jesus vorüberging, richtete Johannes seinen Blick auf ihn und sagte: »Seht, das Lamm Gottes!« Die beiden Jünger hörten, was er sagte, und folgten Jesus. Jesus aber wandte sich um, und als er sah, dass sie ihm folgten, fragte er sie: »Was wollt ihr?« Sie sagten zu ihm: »Rabbi – das heißt übersetzt: Meister –, wo wohnst du?« Er antwortete: »Kommt und seht!« Da gingen sie mit und sahen, wo er wohnte, und blieben jenen Tag bei ihm; es war um die zehnte Stunde.
Johannes 1,35–39

ZEILE FÜR EILIGE

Komm und schau, verweile bei Jesus – wenigstens für einen Augenblick.

STILLE-IMPULS

Johannes der Täufer erkennt in Jesus »das Lamm Gottes, das die Sünde der Welt hinwegnimmt« (Johannes 1,29) und den Weg zu Gott öffnet; selbstlos weist er zwei seiner Jünger auf Jesus hin.
Diese gehen ihm nach, weil sie einen Meister suchen, der sie von Gott lehrt. – Jesus lädt sie zu sich ein; sie sollen wissen, wie er lebt, was er vertritt.

Ich stelle mir die Begegnung vor und lasse mich von Jesus zu sich einladen.

Mich von Jesus einladen zu lassen und mit ihm zu verweilen, mich von Gott (be-)rufen zu lassen, ist ein Sinn des (Sonntags-)Gottesdienstes.

ZUSATZ FÜR ZEITREICHE

Wann habe ich zum letzten Mal einen Gottesdienst besucht? Besteht heute die Möglichkeit dazu?

Jesus – ein Geborener wie wir

In jenen Tagen erließ Kaiser Augustus den Befehl, alle Bewohner des Reiches in Steuerlisten einzutragen. Dies geschah zum ersten Mal; damals war Quirinius Statthalter von Syrien. Da ging jeder in seine Stadt, um sich eintragen zu lassen. So zog auch Josef von der Stadt Nazaret in Galiläa hinauf nach Judäa in die Stadt Davids, die Betlehem heißt; denn er war aus dem Haus und Geschlecht Davids. Er wollte sich eintragen lassen mit Maria, seiner Verlobten, die ein Kind erwartete. Als sie dort waren, kam für Maria die Zeit ihrer Niederkunft, und sie gebar ihren Sohn, den Erstgeborenen. Sie wickelte ihn in Windeln und legte ihn in eine Krippe, weil in der Herberge kein Platz für sie war.
Lukas 2,1–7

ZEILE FÜR EILIGE

Geboren und seither am Leben – all Morgen neu.

STILLE-IMPULS

Zu allen Zeiten werden Kinder geboren, auch damals, als die Römer ihre Herrschaft in Palästina-Israel durchsetzen. Jesus kommt wie jede und jeder von uns in einem bestimmten geschichtlichen Moment zur Welt.
Und Jesus gerät wie jede und jeder von uns in eine private Situation: Er wird unter den Wehen Marias geboren und in eine Futterkrippe gelegt. Irgendwo ist fast immer Platz für ein Neugeborenes.
Mit Jesus beginnt eine neue Geschichte Gottes mit uns Menschen – mit einer Geburt, unter realen, keineswegs idealen Bedingungen.

Stimmt, was für die Geburt Jesu gilt, nicht auch für jeden und jede von uns: In den gegebenen Verhältnissen, unter realen Bedingungen kommt neues Geschehen zur Welt hinzu?
Und diese neue Geschichte setzt sich mit jedem neuen Tag neu fort – wenn ich mein Leben »geburtlich« verstehe.

ZUSATZ FÜR ZEITREICHE

Ich denke darüber nach, was mir erzählt wurde von meiner Geburts-, vielleicht auch meiner Taufgeschichte. – Sind schmerzliche Erinnerungen darunter? Bei Jesus ist es nicht anders.

Das Leben verbraucht sich – aber wie?

Jesus sagt: Kommt alle zu mir, die ihr euch plagt und schwere Lasten zu tragen habt. Ich will euch erquicken. Nehmt mein Joch auf euch und lernt von mir; denn ich bin gütig und von Herzen demütig; so werdet ihr Ruhe finden für eure Seele. Denn mein Joch drückt nicht und meine Last ist leicht.
Matthäus 11,28–30

ZEILE FÜR EILIGE

Jesus will mich aufleben lassen.

STILLE-IMPULS

Mit seinem »Heilandsruf« sammelt Jesus Menschen, die ›mühselig und beladen sind‹. Sie sollen bei ihm Ruhe finden und aufatmen.
In der Ruhe bei ihm können sie lernen, mit Belastungen umzugehen. Jesu Weisungen wollen das Leben leichter machen. Denn Jesus ist demütig, das heißt: nicht auf Herrschaft aus, sondern solidarisch mit Belasteten.

Es stimmt: Ich kann nicht anders, als mein Leben zu »verbrauchen« – mit jedem Atemzug; Stunde um Stunde, Tag um Tag. – Doch wofür gebe ich es hin? Welches Joch, welche Lasten lege ich mir selbst auf? Welche werden mir von anderen aufgebürdet? Und welche von Gott?

Es tut gut, einmal alle Lasten abzulegen. Aufzuatmen, durchzuatmen. Und zu überlegen, wie es mit den Lasten ist: ob ich all die Lasten wirklich tragen, allein tragen muss. Und dann sollte ich nur jene Lasten wieder aufnehmen, die mir zur Zeit wirklich aufgetragen sind. Für sie wird mir die Kraft zuwachsen – auch durch die Anteilnahme Jesu oder anderer Menschen.

ZUSATZ FÜR ZEITREICHE

Ich schaue »meine Hingabe« an und mache etwas Zeit-Statistik: Wofür verbrauche ich mein Leben?

Jesus grenzt niemanden aus

Als Jesus weiterging, sah er Levi, den Sohn des Alphäus, am Zoll sitzen und sagte zu ihm: »Folge mir nach!« Da stand Levi auf und folgte ihm. Und als Jesus in seinem Haus beim Essen war, aßen viele Zöllner und Sünder zusammen mit ihm und seinen Jüngern; denn es folgten ihm schon viele. Als die Schriftgelehrten, die zur Partei der Pharisäer gehörten, sahen, dass er mit Zöllnern und Sündern aß, sagten sie zu seinen Jüngern: »Wie kann er zusammen mit Zöllnern und Sündern essen?« Jesus hörte es und sagte zu ihnen: »Nicht die Gesunden brauchen den Arzt, sondern die Kranken. Ich bin gekommen, um die Sünder zu rufen, nicht die Gerechten.«
Markus 2,14–17

ZEILE FÜR EILIGE

Mitten im Alltagsgeschäft der Ruf: »Folge mir nach!«

STILLE-IMPULS

Jesus kommt an Levi vorbei, der seinen Lebensunterhalt als Zöllner verdient. Levi gehört damit zu den Juden, die mit der römischen Besatzungsmacht zusammenarbeiten. Den Zöllnern wird nachgesagt, dass sie sich oft über das vorgegebene Maß bereichern.
Doch Jesus ruft auch ihn in die Nachfolge und lässt sich mit ihm und anderen »Sünderinnen und Sündern« sehen. – Das stört fromme, national denkende, »reine« Kreise. Jesus aber tritt ihnen entgegen: Er will die Liebe Gottes gerade auch »Sündigen« erweisen.

Was kann alles geschehen, wenn ein Mensch sich angenommen, ja geliebt erfährt! – Kenne ich Menschen, die aufgeblüht sind, als sie sich geliebt erfuhren?
Und kenne ich Situationen, in denen ich oder andere die Liebe Gottes knapp machen – wegen einer ›reinen Lehre‹, einer ›reinen Gruppe‹?

ZUSATZ FÜR ZEITREICHE

Heute ein wenig Kirchen- und Gesellschaftsanalyse: Wer sind die Zöllnerinnen und Zöllner der Gegenwart? Bin ich einer, eine von ihnen?

Jesus rüstet aus im Mahl

Paulus schreibt an die Gemeinde in Korinth:
Ich habe vom Herrn empfangen, was ich euch dann überliefert habe: Jesus, der Herr, nahm in der Nacht, in der er ausgeliefert wurde, Brot, sprach das Dankgebet, brach das Brot und sagte: »Das ist mein Leib für euch. Tut dies zu meinem Gedächtnis!« Ebenso nahm er nach dem Mahl den Kelch und sprach: »Dieser Kelch ist der neue Bund in meinem Blut. Tut dies, sooft ihr daraus trinkt, zu meinem Gedächtnis!«
1. Korinther 11,23–25

ZEILE FÜR EILIGE

Durch Brot und Kelch bin ich mit Gott verbunden und verbündet.

STILLE-IMPULS

Jesus hinterlässt ein leichtes Erbe: Worte und Geschichten, die von ihm erzählen und den Weg weisen zum lebendigen Gott und in erfülltes, ewiges Leben. Dazu das Mahl als Verbindung mit ihm, als nötige Wegzehrung.

Zu seinem Gedächtnis setzt Jesus das Mahl ein: Ich soll gedenken; an Jesus denken; mich an Jesus er-innern. Das heißt, ich soll von innen heraus mein Tun und Lassen davon bestimmen lassen, wie Jesus ist und gehandelt hat; wie er mir in den Gaben des Mahls entgegenkommt.
Das Brot verbindet zu einem Leib; nun weiß ich, zu wem ich gehöre. Der Kelch verbindet mit dem Blut, dem Leben Jesu. Dieses Leben soll mein persönliches Leben und das Zusammenleben immer mehr durchwirken und gestalten.

Es ist Christinnen und Christen, auch mir, kein leichtes Leben versprochen. Aber eines mit Jesus, dem »Immanuel« (Gott mit uns): mit dem notwendenden Zuspruch und der nötigen Wegzehrung.

ZUSATZ FÜR ZEITREICHE

Kann ich heute – oder demnächst – an einer Eucharistie, einem Abendmahl teilnehmen? Ich mache daraus einen Termin.

Jesus stillt Stürme

Am Abend dieses Tages sagte Jesus zu ihnen: »Wir wollen ans andere Ufer hinüberfahren.« Sie schickten die Leute fort und fuhren mit ihm in dem Boot, in dem er saß, weg; einige andere Boote begleiteten ihn. Plötzlich erhob sich ein heftiger Wirbelsturm, und die Wellen schlugen in das Boot, sodass es sich mit Wasser zu füllen begann. Er aber lag hinten im Boot auf einem Kissen und schlief. Sie weckten ihn und riefen: »Meister, kümmert es dich nicht, dass wir zugrunde gehen?« Da stand er auf, drohte dem Wind und sagte zu dem See: »Schweig, sei still!« Und der Wind legte sich, und es trat völlige Stille ein. Er sagte zu ihnen: »Warum habt ihr solche Angst? Habt ihr noch keinen Glauben?« Da ergriff sie große Furcht, und sie sagten zueinander: Was ist das für ein Mensch, dass ihm sogar der Wind und der See gehorchen?
Markus 4,35–41

ZEILE FÜR EILIGE

Ich verlasse mich darauf: Es kümmert Jesus, wenn ich in Stürme gerate.

STILLE-IMPULS

Wer Mühe mit Wundern hat, mag sich trotzdem einmal auf die Dynamik dieser Geschichte einlassen: Das Tagwerk ist getan. Jesus will sich mit den Jüngern auf die andere Seeseite absetzen. Er ist müde und schläft ein. Da kommt einer der gefürchteten Stürme über dem See Genezaret auf. Die Jünger haben Angst unterzugehen und wecken Jesus. Und er – gebietet dem Sturm Ruhe. Es wird still: was für eine Stille!

Durch seine innige Verbindung mit Gott kann Jesus Stürme stillen – äußere und innere. Es gibt bei Gott die Ruhe nach dem Sturm, die Ruhe im Sturm, auch die Ruhe ohne Sturm.

Kenne ich diese verschiedenen Arten der Ruhe? – Kann ich Gott vertrauen, dass auch meine Stürme gestillt werden? Was ermutigt, was hindert mich dabei?

ZUSATZ FÜR ZEITREICHE

Ich gehe meinen »Ruhe«-Erfahrungen nach. Haben sie verschiedene Farben?

Wer ist Jesus?

Unterwegs fragte Jesus die Jünger: »Für wen halten mich die Menschen?« Sie sagten zu ihm: Einige für Johannes den Täufer, andere für Elija, wieder andere für sonst einen von den Propheten. Da fragte er sie: »Ihr aber, für wen haltet ihr mich?« Simon Petrus antwortete ihm: »Du bist der Messias!« Doch er verbot ihnen, mit jemand über ihn zu sprechen.
Dann begann er, sie darüber zu belehren, der Menschensohn müsse vieles erleiden und von den Ältesten, den Hohenpriestern und den Schriftgelehrten verworfen werden; er werde getötet, aber nach drei Tagen werde er auferstehen. Und er redete ganz offen darüber. Da nahm ihn Petrus beiseite und machte ihm Vorwürfe. Jesus wandte sich um, sah seine Jünger an und wies Petrus mit den Worten zurecht: »Weg mit dir, Satan, geh mir aus den Augen! Denn du hast nicht das im Sinn, was Gott will, sondern was die Menschen wollen.«
Markus 8,27b–33

ZEILE FÜR EILIGE

Für wen halte ich Jesus?

STILLE-IMPULS

Wer ist Jesus? Ein Wegbereiter des Messias, wie Johannes der Täufer? Elia, der wiederkehren soll am Anfang der Endzeit? Ein Prophet, der die Gebote Gottes für die Gegenwart auslegt? Petrus – und Martha in Johannes 11,27 – bekennen Jesus als Messias, den Gesalbten Gottes.
Aber Jesus will und kann den Messias-Vorstellungen eines neuen König David nicht entsprechen. Denn das ist nicht, was Gott will und wie Gott ist.

Wer ist Jesus für mich? Gottes Sohn? Prophet? Mensch? Bruder? Fremder?

ZUSATZ FÜR ZEITREICHE

Mit welchen Worten würde ich – einem Kind, einer Jugendlichen, einem Bekannten – beschreiben und begründen, wer Jesus für mich ist?

Das Gebet der liebenden Aufmerksamkeit

Für den Abschluss eines Tages eignet sich das »Gebet der liebenden Aufmerksamkeit« nach Ignatius. Es schließt den Rückblick auf den Tag ab, z. B. mit folgenden Worten:

Lebendiger Gott!
Ich komme zu dir am Abend dieses Tages,
dass du mich segnest zur Nacht.

Ich lege vor dich ... (mein Tun, mein Dasein, den Tag)
Ich lege auf dich:

- mein Glück, meine Freude – ich danke dir für ...
- mein Sorgen und Misslingen – ich klage dir ...
- meine Trauer, meine Sehnsucht – ich bitte dich um ...
- meine Anliegen für andere – ich bitte dich für ...

Lebendiger Gott!
Alles, was mich so vom vergehenden Tag bewegt,
befehle ich dir an.
Dank sei Dir, Gott,
für deine Anteilnahme und Zuwendung,
die mir erlaubt, mein Sorgen nun ruhen zu lassen.

Guter Gott!
Am Ende dieses Tages gebe ich mich ganz und gar
in deinen Schutz und Frieden.
Bewahre mich und alle meine Lieben.
Amen.

Fünfte Woche
Den Weg Jesu mitgehen – ins Leiden

Diese sieben Bibelworte und Stille-Impulse führen auf den Kar-Weg Jesu, vom Einzug in Jerusalem ans Kreuz, zum Grab. – Es wird sich zeigen, wie ich zur Zeit zu diesen dichten Ereignissen und darin zu Jesus stehe; ob ich ihn begleiten kann. Und wie das meine Beziehung zu Jesus und zum lebendigen Gott beeinflusst.

Jesu Einzug in Jerusalem

Die Jünger führten den jungen Esel zu Jesus, legten ihre Kleider auf das Tier und halfen Jesus hinauf. Während er dahinritt, breiteten die Jünger ihre Kleider auf der Straße aus. Als er an die Stelle kam, wo der Weg vom Ölberg hinabführt, begannen alle Jüngerinnen und Jünger, freudig und mit lauter Stimme Gott zu loben wegen all der Wundertaten, die sie erlebt hatten. Sie riefen: »Gesegnet sei der König, der kommt im Namen des Herrn. Im Himmel Friede und Herrlichkeit in der Höhe!« Da riefen ihm einige Pharisäer aus der Menge zu: »Meister, bring deine Jünger zum Schweigen!« Er erwiderte: »Ich sage euch: Wenn sie schweigen, werden die Steine schreien.« Als er näher kam und die Stadt sah, weinte er über sie und sagte: »Wenn doch auch du an diesem Tag erkannt hättest, was dir Frieden bringt. Jetzt aber bleibt es vor deinen Augen verborgen.«
Lukas 19,35–42

ZEILE FÜR EILIGE

»Dein König kommt in niedern Hüllen, sanftmütig auf der Eslin Füllen«: Empfang ihn froh!

STILLE-IMPULS

Nach Matthäus, Markus und Lukas wirkt Jesus zunächst außerhalb Jerusalems. Er braucht Zeit, bis er die Konfrontation in Jerusalem wagt. Dass es zu einer solchen kommen wird, ist schon beim Einzug in die Stadt spürbar.

Die Ankunft Jesu in Jerusalem ist ein hochemotionaler Vorgang. Seine Anhängerinnen und Anhänger machen daraus eine frohe Demonstration; für sie zieht ihr König ein. Die Pharisäer dagegen ärgern sich und möchten das Ganze abstellen.
Jesus aber kommen beim Anblick der Stadt die Tränen, weil er ahnt, dass sie für ihn und seine Botschaft nicht offen ist. Dabei brächte er der Stadt und ihren Menschen Frieden. Jesus wäre ein König, der nicht ›ver-heer-end‹ kommt.

Lasse ich mich in dieses Gefühlsgemisch hineinziehen oder bleibe ich beobachtend? – Und wie gehe ich mit der Tatsache um, dass das Friedensangebot Jesu in Jerusalem zwar auf allen Seiten keimt, aber noch immer nicht zur Entfaltung kommt?

ZUSATZ FÜR ZEITREICHE

Gibt es für mich Orte, die mich so bewegen, wie es Jerusalem hier tut? Und warum ist das so?

Jesus reinigt den Tempel

Jesus ging in den Tempel und trieb alle Händler und Käufer aus dem Tempel hinaus; er stieß die Tische der Geldwechsler und die Stände der Taubenhändler um und sagte: »In der Schrift steht: Mein Haus soll ein Haus des Gebetes sein. Ihr aber macht daraus eine Räuberhöhle.« Im Tempel kamen Lahme und Blinde zu ihm, und er heilte sie. Als nun die Hohenpriester und die Schriftgelehrten die Wunder sahen, die er tat, und die Kinder im Tempel rufen hörten: Hosanna dem Sohn Davids!, da wurden sie ärgerlich und sagten zu ihm: »Hörst du, was sie rufen?« Jesus antwortete ihnen: »Ja, ich höre es. Habt ihr nie gelesen: Aus dem Mund der Kinder und Säuglinge schaffst du dir Lob?« Und er ließ sie stehen und ging aus der Stadt hinaus nach Betanien; dort übernachtete er.
Matthäus 21,12–17

ZEILE FÜR EILIGE

Neben Gott-Vertrauen und Gelassenheit gibt es bei Jesus auch heiligen Zorn.

STILLE-IMPULS

Jesus betritt den Tempel. Da überkommt ihn heiliger Zorn. Er muss den Tempel freiräumen vom Opfertier-Handel und den Wechselgeschäften. Damit bedroht Jesus die Geschäfte der Tempelschicht, die den Wechselkurs festsetzt und Konzessionen an die Händlerinnen und Händler vergibt.

Die Tempelwirtschaft hat sich zwischen Gott und den Gläubigen eingerichtet. Jesus aber fordert den Tempel als Bethaus zurück. Er ist im Tempel da für alle, die seiner bedürfen, und heilt im Namen Gottes kostenlos.
Damit tun sich Abgründe auf: die Tempelschicht ist verloren, oder sie muss sich grundlegend ändern – oder Jesus vertreiben. Der Ärger über Jesus wächst. Zusätzlich, weil die Kinder ihn preisen mit Hosanna-Rufen (»Herr, hilf«) und dem Messias-Titel »Sohn Davids«. Die Tempelschicht aber stellt sich den »neuen David« anders vor.

Wieder entsteht ein intensives Beziehungsgeschehen, ein Gefühlsgemisch, dem sich Jesus tagsüber aussetzt; sich am Abend aber entzieht, indem er an einem unbekannten Ort außerhalb der Stadt schläft. Da ist er nicht leicht zu ergreifen.

Wie geht es mir, wenn ich Jesus durch dieses Geschehen begleite? Auch im Blick auf heutige Vorgänge?

ZUSATZ FÜR ZEITREICHE

Gibt es heute religiöse und weltliche Zusammenhänge, in denen ›heiliger Zorn‹ in der Art Jesu angebracht ist?

Jesus wird gesalbt in Betanien

Als Jesus in Betanien im Haus Simons des Aussätzigen bei Tisch war, kam eine Frau mit einem Alabastergefäß voll kostbarem, wohlriechendem Öl zu ihm und goss es über sein Haar. Die Jünger wurden unwillig, als sie das sahen, und sagten: »Wozu diese Verschwendung? Man hätte das Öl teuer verkaufen und das Geld den Armen geben können.« Jesus bemerkte ihren Unwillen und sagte zu ihnen: »Warum lasst ihr die Frau nicht in Ruhe? Sie hat ein gutes Werk an mir getan. Denn die Armen habt ihr immer bei euch, mich aber habt ihr nicht immer. Als sie das Öl über mich goss, hat sie meinen Leib für das Begräbnis gesalbt. Amen, ich sage euch: Überall auf der Welt, wo dieses Evangelium verkündet wird, wird man sich an sie erinnern und erzählen, was sie getan hat.«
Matthäus 26,6–13

ZEILE FÜR EILIGE

Wie wohlriechend, wohltuend muss diese Salbung für Jesus sein!

STILLE-IMPULS

Wieder hat sich Jesus nach Betanien verzogen – diesmal ins Haus von Simon. Als sich die Frau mit wohlriechendem Öl nähert, um ihn zu salben, lässt es Jesus geschehen. Einmal jemand, die ihm einfach gut tut, ihn pflegt!
Die Jünger aber sehen nur Vergeudung, nicht die großzügige Zuwendung, die Wohltat. Sie sehen nicht, dass Jesus das braucht. Er ist so verletzlich, und sie bemerken es nicht.

Jesus hat recht: Noch heute wird diese Begebenheit erinnert.

Wohltaten erinnern ist etwas anderes als Ärger nachtragen, Schrecken erinnern. Was setzt sich bei mir eher fest?

ZUSATZ FÜR ZEITREICHE

Ich versuche, mich an Wohltaten zu erinnern, die ich erweisen konnte; die mir erwiesen wurden. Gibt es solche auch im Verhältnis zu Jesus, zu Gott?

Jesus wäscht Füße

Es war vor dem Paschafest. Jesus wusste, dass seine Stunde gekommen war, um aus dieser Welt zum Vater hinüberzugehen. Da er die Seinen, die in der Welt waren, liebte, erwies er ihnen seine Liebe bis zur Vollendung.
Es fand ein Mahl statt, und der Teufel hatte Judas, dem Sohn des Simon Iskariot, schon ins Herz gegeben, ihn zu verraten und auszuliefern. Jesus, der wusste, dass ihm der Vater alles in die Hand gegeben hatte und dass er von Gott gekommen war und zu Gott zurückkehrte, stand vom Mahl auf, legte sein Gewand ab und umgürtete sich mit einem Leinentuch. Dann goss er Wasser in eine Schüssel und begann, den Jüngern die Füße zu waschen und mit dem Leinentuch abzutrocknen, mit dem er umgürtet war.
Als er zu Simon Petrus kam, sagte dieser zu ihm: »Du, Herr, willst mir die Füße waschen?« Jesus antwortete ihm: »Was ich tue, verstehst du jetzt noch nicht; doch später wirst du es begreifen.« Petrus entgegnete ihm: »Niemals sollst du mir die Füße waschen!« Jesus erwiderte ihm: »Wenn ich dich nicht wasche, hast du keinen Anteil an mir.« Da sagte Simon Petrus zu ihm: »Herr, dann nicht nur meine Füße, sondern auch die Hände und das Haupt.« Jesus sagte zu ihm: »Wer vom Bad kommt, ist ganz rein und braucht sich nur noch die Füße zu waschen.«
Johannes 13,1–10b

ZEILE FÜR EILIGE

»Du, Herr, willst mir die Füße waschen?«

STILLE-IMPULS

Das Pascha-Fest erinnert an die Nacht vor dem Aufbruch aus der Sklaverei in Ägypten.
Jesus ahnt seinen nahen Tod. Doch er ist in diesem Moment getrost, weil er weiß, woher er kommt und wohin er geht.

Jesus will letzte Dinge ordnen und nochmals seine Liebe und Hingabe für seine Jüngerinnen und Jünger ausdrücken. Sie werden sich erinnern, wie er ihnen die Füße gewaschen und sie gebeten hat, auch so miteinander umzugehen.

Es ist nicht nötig, mehr als das Not-wendende zu tun. Wie finde ich heraus, was für eine andere Person das Not-wendende ist?
Wie offen kann ich mit anderen über ihre und meine Bedürfnisse reden? – Kann ich mir selbst helfen lassen? Kann ich von anderen auch Hilfe erbitten?
Jesus öffnet den Weg zu einer offenen Kommunikation über eigene und fremde Bedürftigkeit und durchbricht so verbreitete Helfer-Schemata.

ZUSATZ FÜR ZEITREICHE

Da und dort gibt es – nicht nur in der Karwoche – gottesdienstliche Feiern mit Fußwaschung. Das mitzuerleben, könnte mir ein Termin sein. – Oder will ich jemandem anbieten, seine/ihre Füße zu waschen? Und wenn jemand bereit wäre, das mit zu tun?

Auch Jesus muss ringen

Sie kamen zu einem Grundstück, das Getsemani heißt, und er sagte zu seinen Jüngern: »Setzt euch, und wartet hier, während ich bete.« Und er nahm Petrus, Jakobus und Johannes mit sich. Da ergriff ihn Furcht und Angst, und er sagte zu ihnen: »Meine Seele ist zu Tode betrübt. Bleibt hier, und wacht!« Und er ging ein Stück weiter, warf sich auf die Erde nieder und betete, dass die Stunde, wenn möglich, an ihm vorübergehe. Er sprach: »Abba, Vater, alles ist dir möglich. Nimm diesen Kelch von mir! Aber nicht, was ich will, sondern was du willst (soll geschehen).« Und er ging zurück und fand sie schlafend.
Markus 14,32–37a

ZEILE FÜR EILIGE

»Abba, Vater, nicht, was ich will, sondern was du willst (soll geschehen).«

STILLE-IMPULS

Die Jünger bemerken nicht, wie heikel die Lage inzwischen ist. Auch die drei aus dem innersten Kreis können nach dem Paschamahl, bei dem auch Wein getrunken wurde, nicht wachen und beten.

Jesus aber weiß, dass es eng wird. Und er bittet – allein auf sich gestellt, unter Zittern und Zagen – dreimal, dass die Stunde an ihm vorübergehe. Doch nach diesem Ringen ist ihm auch hier wichtiger, dass Gottes Wille geschehe: Er ist bereit, Gott als Liebe zu bezeugen bis zum Ende.

Als Christ, Christin muss ich nicht alles klaglos hinnehmen. Und ich soll wissen, dass Zeiten des Ringens mich Gott nahe bringen. Zeiten, in denen mir nichts anderes bleibt, als mich schließlich mit allem Gott anzuvertrauen, wie es Jesus hier tut.

ZUSATZ FÜR ZEITREICHE

Wie kann ich das Leiden eines, einer anderen, mit aushalten. Was brauche ich dafür?

Jesus leidet und stirbt

Es war die dritte Stunde, als sie ihn kreuzigten. Und eine Aufschrift (auf einer Tafel) gab seine Schuld an: Der König der Juden. Zusammen mit ihm kreuzigten sie zwei Räuber, den einen rechts von ihm, den andern links.
Die Leute, die vorbeikamen, verhöhnten ihn, schüttelten den Kopf und riefen: »Ach, du willst den Tempel niederreißen und in drei Tagen wieder aufbauen? Hilf dir doch selbst, und steig herab vom Kreuz!« Auch die Hohenpriester und die Schriftgelehrten verhöhnten ihn und sagten zueinander: »Anderen hat er geholfen, sich selbst kann er nicht helfen. Der Messias, der König von Israel! Er soll doch jetzt vom Kreuz herabsteigen, damit wir sehen und glauben.« Auch die beiden Männer, die mit ihm zusammen gekreuzigt wurden, beschimpften ihn. Als die sechste Stunde kam, brach über das ganze Land eine Finsternis herein. Sie dauerte bis zur neunten Stunde. Und in der neunten Stunde rief Jesus mit lauter Stimme: »Eloï, Eloï, lema sabachtani?«, das heißt übersetzt: ›Mein Gott, mein Gott, warum hast du mich verlassen?‹ Einige von denen, die dabeistanden und es hörten, sagten: »Hört, er ruft nach Elija!« Einer lief hin, tauchte einen Schwamm in Essig, steckte ihn auf einen Stock und gab Jesus zu trinken. Dabei sagte er: »Lasst uns doch sehen, ob Elija kommt und ihn herabnimmt.« Jesus aber schrie laut auf. Dann hauchte er den Geist aus.
Markus 15,25–37

ZEILE FÜR EILIGE

Muss ich verstummen vor der Not und dem Tod Jesu? Oder kann ich mit dem römischen Hauptmann sagen: »Das war wirklich ein gerechter Mensch« (Lukas 23,47b)?

STILLE-IMPULS

Es ging schnell: In weniger als 24 Stunden ist Jesus verhaftet und tot. – Es dauert lang: lange 6 Stunden, die Jesus leidet am Kreuz, bis er tot ist. In Schmerz und Not wirft Jesus seine Verzweiflung betend – mein Gott, warum hast du mich verlassen (Psalm 22,2a) –, schreiend auf den lebendigen Gott. Dann ist er tot.

Alles ist entschieden. Aber anders, als alle meinen – weil Gott mit Jesus, dem »Gott mit uns« ist.

Wenn ich einsam, in Not bin, darf ich wissen, dass ich dem Gekreuzigten nahe bin und durch ihn dem lebendigen Gott. Im Letzten kann mich trotz allem nichts von der Liebe Gottes trennen.

ZUSATZ FÜR ZEITREICHE

Ich höre geistliche Musik, die mich anspricht, z. B. etwas aus Bachs Passionen oder ein »Stabat mater«.

Jesus wird begraben

Gegen Abend kam ein reicher Mann aus Arimathäa namens Josef; auch er war ein Jünger Jesu. Er ging zu Pilatus und bat um den Leichnam Jesu. Da befahl Pilatus, ihm den Leichnam zu überlassen. Josef nahm ihn und hüllte ihn in ein reines Leinentuch. Dann legte er ihn in ein neues Grab, das er für sich selbst in einen Felsen hatte hauen lassen. Er wälzte einen großen Stein vor den Eingang des Grabes und ging weg.
Auch Maria aus Magdala und die andere Maria waren dort; sie saßen dem Grab gegenüber.
Matthäus 27,57–61

ZEILE FÜR EILIGE

»... gelitten unter Pontius Pilatus, gekreuzigt, gestorben und begraben ...« (aus dem apostolischen Glaubensbekenntnis).

STILLE-IMPULS

Jesus ist tot. – Josef aus Arimathäa wagt sich zum römischen Statthalter Pilatus und bittet um den Leichnam. Bevor es dunkel wird und der Sabbat beginnt, legt Josef diesen in das Grab, das er für sich selbst hat vorbereiten lassen, und verstellt das Grab mit einem schweren Stein. Maria Magdalena und die andere Maria (›Maria des Jakobus‹ nach Lukas 25,10) verfolgen das Geschehen.

Ich setze mich zu den beiden Marien und schaue auf das Grab. – Wie es den Marien geht? Was steigt vor ihnen, vor mir auf von den letzten 24 Stunden, vom ganzen Leben Jesu?

ZUSATZ FÜR ZEITREICHE

Ich setze mich nochmals zu den Marien am Grab Jesu und schaue gründlich auf das Leben und Sterben Jesu zurück. Was wird mir dabei wichtig?

Was bleibt

scheinen
schien
werden
ward
grab

doch

bleiben
blieb
im zeiten
sieb

l i e b e n

Sechste Woche
Den Weg Jesu mitgehen – in die Auferstehung

Diese sieben Bibelworte und Stille-Impulse versuchen, aufzuschließen, was die Auferstehung Jesu mitten ins Leben seiner Jüngerinnen und Jünger bedeutet, bedeuten könnte – auch für mich.

Jesus ist auferstanden ins Leben

Als der Sabbat vorüber war, kauften Maria aus Magdala, Maria, die Mutter des Jakobus, und Salome wohlriechende Öle, um damit zum Grab zu gehen und Jesus zu salben. Am ersten Tag der Woche kamen sie in aller Frühe zum Grab, als eben die Sonne aufging. Sie sagten zueinander: »Wer könnte uns den Stein vom Eingang des Grabes wegwälzen?« Doch als sie hinblickten, sahen sie, dass der Stein schon weggewälzt war; er war sehr groß. Sie gingen in das Grab hinein und sahen auf der rechten Seite einen jungen Mann sitzen, der mit einem weißen Gewand bekleidet war; da erschraken sie sehr. Er aber sagte zu ihnen: »Erschreckt nicht! Ihr sucht Jesus von Nazaret, den Gekreuzigten. Er ist auferstanden; er ist nicht hier. Seht, da ist die Stelle, wo man ihn hingelegt hatte. Nun aber geht und sagt seinen Jüngern, vor allem Petrus: Er geht euch voraus nach Galiläa; dort werdet ihr ihn sehen, wie er es euch gesagt hat.« Da verließen sie das Grab und flohen; denn Schrecken und Entsetzen hatte sie gepackt. Und sie sagten niemand etwas davon; denn sie fürchteten sich.
Markus 16,1–8

ZEILE FÜR EILIGE

Oster-Erschrecken, weil das Grab Jesu leer ist.

STILLE-IMPULS

Was der Brauch ist, wollen die Frauen, die den Weg Jesu ans Kreuz und seine Grablegung miterlebt haben, noch tun. Da erschüttert sie, was sie antreffen und hören.
Jesus auferstanden – nicht nur in Gottes Gegenwart wie sonst Verstorbene; nein: in ihre Welt? Das erschreckt fast mehr als die Gewissheit Tod.

Oster-Erschrecken vor Oster-Freude. Diese Erschütterung ist vielen heute fremd, weil Ostern vom Bekenntnis zum Auferstandenen her froh gefeiert wird. – Wenn ich hingegen den ersten Bericht vom Ostermorgen betrachte, holt mich Oster-Erschrecken ein.

Am Anfang der christlichen Woche steht der Sonntag – auch als Erschütterung von mitgebrachten Gewohnheiten, Gewissheiten durch göttliche Lebenskraft.

ZUSATZ FÜR ZEITREICHE

Ich könnte einmal vor dem Morgengrauen aufstehen, um die Stimmung zwischen (Alb-)Traum und Tag zu erleben, in der die Frauen zum Grab gingen.

Jesus begegnet Maria Magdalena

Maria aber stand draußen vor dem Grab und weinte. Während sie weinte, beugte sie sich in die Grabkammer hinein. Da sah sie zwei Engel in weißen Gewändern sitzen, den einen dort, wo der Kopf, den anderen dort, wo die Füße des Leichnams Jesu gelegen hatten. Die Engel sagten zu ihr: »Frau, warum weinst du?« Sie antwortete ihnen: »Man hat meinen Herrn weggenommen, und ich weiß nicht, wohin man ihn gelegt hat.« Als sie das gesagt hatte, wandte sie sich um und sah Jesus dastehen, wusste aber nicht, dass es Jesus war. Jesus sagte zu ihr: »Frau, warum weinst du? Wen suchst du?« Sie meinte, es sei der Gärtner, und sagte zu ihm: »Herr, wenn du ihn weggebracht hast, sag mir, wohin du ihn gelegt hast. Dann will ich ihn holen.« Jesus sagte zu ihr: »Maria!« Da wandte sie sich ihm zu und sagte auf Hebräisch zu ihm: »Rabbuni!«, das heißt: Meister. Jesus sagte zu ihr: »Halte mich nicht fest; denn ich bin noch nicht zum Vater hinaufgegangen. Geh aber zu meinen Brüdern, und sag ihnen: Ich gehe hinauf zu meinem Vater und zu eurem Vater, zu meinem Gott und zu eurem Gott.« Maria von Magdala ging zu den Jüngern und verkündete ihnen: »Ich habe den Herrn gesehen.« Und sie richtete aus, was er ihr gesagt hatte.
Johannes 20,11–18

ZEILE FÜR EILIGE

Oster-Erlösung, weil Maria Magdalena von Jesus angesprochen wird.

STILLE-IMPULS

Maria Magdalena weint um Jesus. Sie ist ganz verzweifelt, weil der Leichnam verschwunden ist; wenigstens den dürfen sie ihr doch nicht nehmen.
Sie erkennt den Auferstandenen nicht, weil sie nicht mit ihm rechnet. Erst als er sie mit ihrem Namen anspricht, gehen ihr die Augen auf. Sie wacht auf aus Tod und Trauer. Und alle Liebe und Verbundenheit sind wieder da.

Maria Magdalena wird zur »Apostelin der Apostel«: sie soll ihnen überbringen, dass Jesus lebt. – Eine wichtigere Aufgabe kann es in der Kirche nicht geben.

Es deutet sich an: der Weg ins Auferstehen ist durch Jesus neu gebahnt – auch mir. Auch der Weg ins Aufstehen von allem, was totmacht mitten im Leben.
Gibt es Bereiche, in denen ich mich nach einem Auf(er)stehens-Impuls sehne – mitten im Leben? Einen, wie ihn Maria erhält in ihrer Trauer?

ZUSATZ FÜR ZEITREICHE

Gibt es für mich »Auferstehungsmusik«? Wie müsste sie klingen? – Heute will ich ein Stück davon hören.

Jesus gibt sich zu erkennen

Am gleichen Tag waren zwei von den Jüngern auf dem Weg in ein Dorf namens Emmaus, das sechzig Stadien von Jerusalem entfernt ist. Sie sprachen miteinander über all das, was sich ereignet hatte. Während sie redeten und ihre Gedanken austauschten, kam Jesus hinzu und ging mit ihnen. Doch sie waren wie mit Blindheit geschlagen, sodass sie ihn nicht erkannten.
Er fragte sie: »Was sind das für Dinge, über die ihr auf eurem Weg miteinander redet?«
Und sie erzählten ihm, was mit Jesus geschehen war.
Da sagte er zu ihnen: »Begreift ihr denn nicht? Wie schwer fällt es euch, alles zu glauben, was die Propheten gesagt haben. Musste nicht der Messias all das erleiden, um so in seine Herrlichkeit zu gelangen?« Und er legte ihnen dar, ausgehend von Mose und allen Propheten, was in der gesamten Schrift über ihn geschrieben steht. So erreichten sie das Dorf, zu dem sie unterwegs waren. Jesus tat, als wolle er weitergehen, aber sie drängten ihn und sagten: »Bleib doch bei uns; denn es wird bald Abend, der Tag hat sich schon geneigt.« Da ging er mit hinein, um bei ihnen zu bleiben. Und als er mit ihnen bei Tisch war, nahm er das Brot, sprach den Lobpreis, brach das Brot und gab es ihnen. Da gingen ihnen die Augen auf, und sie erkannten ihn; dann sahen sie ihn nicht mehr. Und sie sagten zueinander: »Brannte uns nicht das Herz in der Brust, als er unterwegs mit uns redete und uns den Sinn der Schrift erschloss?«
Lukas 24,13–17a.25–32

ZEILE FÜR EILIGE

Oster-Erkennen durch das Wort und das Mahl – und weil das Herz brennt.

STILLE-IMPULS

Jesus geht mit den Jüngern. Aber sie erkennen ihn zunächst nicht, weil sie – wie Maria Magdalena – nicht mit ihm rechnen.
Erst als Jesus ihnen das Brot bricht, gehen ihnen die Augen auf. Und dann – im Rückblick – merken sie, dass ihr Herz brannte, als der Fremde ihnen den Sinn von Jesu Kreuzestod erschloss.
Jetzt verstehen sie, wie das »Erste Testament« von Jesus spricht: vom Messias, der nicht kommt mit Gewalt und den lebendigen Gott doch machtvoll vertritt.

Wie geht es mir, wenn ich mich mit auf den Weg nach Emmaus mache? Wie und wo finde ich einen Zugang zu Jesus als Auferstandenem?

ZUSATZ FÜR ZEITREICHE

Kann ich Jesus Christus heute mitnehmen auf eine Wanderung, auf ein Stück Pilgerweg?

Jesus sendet mit dem Heiligen Geist

Am Abend dieses ersten Tages der Woche, als die Jünger aus Furcht vor den Gegnern die Türen verschlossen hatten, kam Jesus, trat in ihre Mitte und sagte zu ihnen: »Friede sei mit euch!« Nach diesen Worten zeigte er ihnen seine Hände und seine Seite. Da freuten sich die Jünger, dass sie den Herrn sahen. Jesus sagte noch einmal zu ihnen: »Friede sei mit euch! Wie mich der Vater gesandt hat, so sende ich euch.« Nachdem er das gesagt hatte, hauchte er sie an und sprach zu ihnen: »Empfangt den Heiligen Geist!«
Johannes 20,19–22

ZEILE FÜR EILIGE

Osterfreude und Osterfriede – durch den Heiligen Geist verstetigt.

STILLE-IMPULS

Die Jünger und Jüngerinnen schließen sich ein aus Angst vor ihren Gegnern (im Text wörtlich: vor den ›Juden‹: die Jünger sind aber auch Juden). – Jesus aber will nicht, dass die, die ihm nachfolgen, von irgendwelchen Mächten am Leben gehindert werden. Auch der Tod, alle tot-machenden Kräfte sollen die Macht über sie verlieren.

Jesus kommt zu den Jüngerinnen und Jüngern und gibt sich zu erkennen. Die Wundmale belegen, dass er es wirklich ist. Wie sie ihn erkennen, bricht Freude aus. Die vertreibt die Furcht.
Jesus spricht Frieden zu. Und er sendet die Jüngerinnen und Jünger aus. Ein Hauch von Heiligem Geist genügt, um sie mit dem Geist »der Kraft, der Liebe und der Besonnenheit« (2. Timotheus 1,7) auszurüsten, den sie für die Aufgabe brauchen. – So wird es gehen.

Der Heilige Geist (Gottes Trösterin, Dynamik, Kraft, Weisheit, Lebendigkeit …) will auch mich so erfassen und durchwirken.

ZUSATZ FÜR ZEITREICHE

Welche Erfahrungen habe ich mit der Heiligen Geistkraft Gottes?

Jesus erhält den Namen über alle Namen

Paulus schreibt an die Gemeinde in Philippi:
Seid untereinander so gesinnt, wie es dem Leben in Christus Jesus entspricht: Er war Gott gleich, hielt aber nicht daran fest, wie Gott zu sein, sondern er entäußerte sich und wurde wie ein Sklave und den Menschen gleich. Sein Leben war das eines Menschen; er erniedrigte sich und war gehorsam bis zum Tod, bis zum Tod am Kreuz. Darum hat ihn Gott über alle erhöht und ihm den Namen verliehen, der größer ist als alle Namen.
Philipper 2,5–9

ZEILE FÜR EILIGE

Nichts kann mich trennen von der Liebe Gottes, die in Jesus Christus ist – auch nicht Erniedrigung oder Tod.

STILLE-IMPULS

»Sein Leben war das eines Menschen.« Jesus Christus bewegt sich nach unten, bis zum Sklaventod am Kreuz. Dies ist die Bewegung von Gott selbst (vgl. Psalm 113), auf den Jesus nicht aufhört zu hören (›ge-horchen‹).
Am Ende seines Weges bestätigt Gott den Ehrennamen »Immanuel« (Gott mit uns) gegenüber Jesus; einen größeren Namen gibt es nicht. Gott setzt Jesus Christus damit auch über alle irdischen Herren – auch jene, die damals wie der römische Kaiser beanspruchten, Gott zu sein.

Paulus möchte, dass auch ich mich in diese Bewegung hineinnehmen, meine Gesinnung, mein ganzes Tun und Lassen davon bestimmen lasse – also auch Niedrigkeit nicht scheue. Wichtiger ist es, in allem auf Gott zu hören.

Den Namen aller Namen erhält mit Jesus einer, der den ganzen Weg gegangen ist – auch durch die Tiefen. Deshalb kann er wahrhaft »Gott mit uns« sein – auch mit mir in all meinen Höhen und Tiefen.

ZUSATZ FÜR ZEITREICHE

Welche Namen gebe ich Jesus?

Es ist noch nicht offenbar, was wir sein werden

Seht, wie groß die Liebe ist, die der Vater uns geschenkt hat: Wir heißen Kinder Gottes, und wir sind es. Die Welt erkennt uns nicht, weil sie ihn nicht erkannt hat. Liebe Brüder und Schwestern, jetzt sind wir Kinder Gottes. Aber was wir sein werden, ist noch nicht offenbar geworden. Wir wissen, dass wir ihm ähnlich sein werden, wenn er offenbar wird; denn wir werden ihn sehen, wie er ist. Jeder und jede, die dies von ihm erhoffen, heiligen sich, so wie Gott heilig ist.
1. Johannesbrief 3,1–3

ZEILE FÜR EILIGE

Wir heißen Kinder Gottes – und wir sind es auch.

STILLE-IMPULS

Die Gottesanrede »Vater im Himmel« – oder auch »Mutter im Himmel« – macht deutlich, dass wir uns als Kinder Gottes sehen sollen. – Gott als Vater/Mutter im Himmel zu kennen, kann das Verhältnis zu den leiblichen Eltern entspannen.

Kinder erben. Kinder Gottes erben die Verheißungen Gottes. Was das bedeutet, erschließt sich mit jedem Morgen neu. Dieser Prozess ist nicht abgeschlossen, bis ich zu Gott eingehe und von Angesicht zu Angesicht sehen werde, wie Gott ist.

Es entsteht die Sehnsucht, schon jetzt auf Gott zu zu wachsen; Gott ähnlich zu werden, wie Gott sich in Jesus Christus zeigt.
Was könnte mir helfen, dieses Wachstum nicht zu hindern, es zu fördern?

ZUSATZ FÜR ZEITREICHE

Ich bete das Vaterunser einmal bewusst in der ersten Person: Mein Vater/Vatermein im Himmel …

Ich kann leben und mich freuen

Paulus schreibt an die Gemeinde in Philippi:
Freut euch im Herrn zu jeder Zeit! Noch einmal sage ich: Freut euch! Eure Güte werde allen Menschen bekannt. Der Herr ist nahe. Sorgt euch um nichts, sondern bringt in jeder Lage betend und flehend eure Bitten mit Dank vor Gott! Und der Friede Gottes, der alles Verstehen übersteigt, wird eure Herzen und eure Gedanken in der Gemeinschaft mit Christus Jesus bewahren.
Philipper 4,4–7

ZEILE FÜR EILIGE

Sorge dich um nichts. Bring deine Lage vor Gott mit Dank, Klage, Bitten.

STILLE-IMPULS

Paulus erinnert an die Freude in Jesus Christus. Diese ist möglich, auch wenn meine Lebensumstände schwierig sind. Denn sie speist sich daraus, dass Jesus Christus als ›Gott mit uns‹ immer da und nahe ist.
Darum kann ich mich jederzeit an ihn wenden und vor Gott bringen, was sich zu vereinnahmenden Sorgen auszuwachsen droht. Dabei steigt die Zuversicht beim Bitten trotz Seufzen und Klagen, wenn ich daran denke und dafür danke, was Gott mir schon an Gutem erwiesen hat.
So kann Friede einziehen in Herz und Sinne, der jede Vorstellung übersteigt.

Kenne ich diese Erfahrung? Oder ist es eine Richtung, in die ich wachsen möchte? Ich könnte so jedenfalls Gott Gott sein lassen und müsste selbst nicht mehr sein, als ich bin: Gottes geliebtes Geschöpf. Welch Grund zur Freude!

ZUSATZ FÜR ZEITREICHE

Wie kann ich nach den Erfahrungen mit diesem Buch den Zugang zu alltäglicher Freude freihalten? Durch Stille, das Hören auf Gottes Wort, das Gebet der liebenden Aufmerksamkeit? Wodurch?

Zeitstaub entdecken

Wenn Sie keine Zeit haben, können Sie kein klösterliches Anbetungsleben führen. Aber Sie können trotzdem Halt machen – und sich unter jene mischen, die neue Formen geistlichen Lebens erkunden. Wichtig ist, dass Sie Ihre Idealvorstellungen von »stiller Zeit« hinter sich lassen und über Ihre »mangelhaften« Meditations-Versuche lachen können. Das ist besser, als sich mit Vorsätzen und Selbstvorwürfen zu belasten – oder das Innehalten ganz zu lassen.

Es gibt im Alltag viele Momente, die monoton, regelmäßig wiederkehrend und relativ unangespannt sind (z. B. Duschen, der Weg vom Haus zum Auto, im Bus, beim Anstehen, beim Starten des PCs usw.). Madeleine Delbrêl nennt diese Phasen »Zeitstaub« (Gott einen Ort sichern, hg. von Annette Schleinzer, Ostfildern ²2003, S. 52). Dieser enthält wohltuende Momente des Innehaltens, wenn wir ihn entsprechend gestalten.

Das kann so aussehen: Ich räume den Zeitstaub von Ablenkungen frei (Musik und Handy ausschalten usw.). Ich atme tief durch. Ich nehme den Anfang und den Schluss dieses Moments bewusst wahr und bete dazu »Gott, erbarme dich. Amen«. – Steht mehr Zeit zur Verfügung, reicht es vielleicht für eine kleine »Liturgie«: beginnend mit einer Anrufung (»Gott, sei mir nahe«; »Christus, erbarme dich«), dann einem Wort, einem Satz aus dem Bibeltext des Tages (vgl. »Zeile für Eilige«) und eine Stille. Daran mag sich ein Dank, Klage oder Bitte, eine Fürbitte anschließen; ein Abschluss und ein kräftiges Amen.

Um sich ein Wort, einen Satz oder eine Frage einzuprägen, ist es hilfreich, sie auf einen Zettel oder in eine Datei zu

schreiben. Bewahren Sie das Notierte dann an einem Ort auf, der Ihnen im Verlauf des Tages wieder begegnet (z. B. am Spiegel, im Portemonnaie, am Computer-Bildschirm).
Legen Sie sich ein kleines Notizbuch zu oder eine Datei an – und halten Sie in diesem »Power-Book« etwas fest vom Tag: ein Wort, einen Eindruck; etwas, was Ihnen wichtig geworden ist im Blick auf andere Menschen, auf sich selbst, auf Gott.
Sie werden sich wundern: Es kann sich echte Freude darüber einstellen, der Routine mancher Tage für einen bewussten Moment mit Gott zu entwischen. – Gelingt das häufiger, wird sich mit der Zeit allerdings die Sehnsucht melden, einmal eine Zeitinsel zu organisieren, um länger bei sich und mit Gott zu verweilen.

Halt machen – in die Stille finden

Auch wenn Sie Zeit zur Verfügung haben, gibt es kein allgemeingültiges Rezept, um in die Stille zu finden. Und das Sein im Schweigen kann sich je nach Tag ganz verschieden anfühlen: als Müdigkeit bis hin zu Schlaf; als inneres Aufräumen von Gedanken, Gefühlen, Verpflichtungen; als Erfahrung von Bedrängnis oder Gelöstheit, angenehmer Ruhe; als Leere oder auch als Fülle tiefer Einsichten. Es führt kein Weg am eigenen Erkunden vorbei.
Zunächst müssen Sie entscheiden, ob Sie für die Einkehr sitzen, liegen oder gehen wollen. – Ohne besondere Gegen-Gründe bewährt es sich, eine Zeit lang bei einer Art der Einkehr zu bleiben.

Entscheiden Sie sich für das Sitzen (oder Liegen), wählen Sie bewusst einen Ort. – Ist dieser privat, sollten Sie ihn für die Einkehr gestalten, z. B. mit einem Bild, einer Kerze, einer Pflanze; was Ihnen zur Sammlung verhilft. Legen Sie eine Decke bereit, falls Ihnen kalt wird. »Bitte nicht stören« an der Tür informiert Mitwohnende. Das Handy ist aus-, der Anrufbeantworter eingeschaltet.

Beginnen Sie die Einkehr, z. B. indem Sie eine Kerze anzünden, eine Verneigung machen, sich bewusst niederlassen. – Schließen Sie die Einkehr, etwa indem Sie sich verneigen, sich bewusst wieder aufrichten und die Kerze löschen.

Entscheiden Sie sich für das Gehen, muss der Weg selbst problemlos sein. Identifizieren Sie dann eine Strecke, die Sie für die Einkehr nutzen wollen. Am Beginn dieser Einkehrstrecke sollten Sie Halt machen, bewusst still stehen und sich sammeln. Gehen Sie erst dann los. – An einem bestimmten Punkt halten Sie inne, um das Bibelwort aufzunehmen. – Am Ende der Einkehr-Strecke halten Sie bewusst an und schauen auf den inneren und äußeren Weg zurück, bevor Sie aus dem Schweigen treten und weitergehen.

Im Gehen und im Verweilen ist es sinnvoll, Zettel und Stift dabeizuhaben. Sie können so Dringliches, das Ihnen einfällt, notieren und damit ablegen; und Sie können am Schluss der Stille etwas aufschreiben. Nützlich ist auch ein Wecker oder Timer, falls die Zeit beschränkt ist.

Meine Form der Einkehr

Geben Sie Ihrer Einkehr eine Form, die sie von der sonstigen Zeit unterscheidet. Dabei helfen folgende Elemente:

1. Einen bewussten Anfang setzen

2. Sich an Gott wenden mit einer Anrufung oder einem Vorbereitungsgebet, z.B.

> Gott, erbarme dich. Amen.
>
> Lebendiger Gott!
> Du bist da.
> Hilf mir, auch ganz da zu sein –
> mit allen Sinnen:
> Dass ich verstehe, was dich bewegt,
> und mit dir teile, was mich bewegt,
> Segne diese Zeit der Einkehr.
> Amen.

3. Versuchen, zur Ruhe zu kommen; Gedanken und Gefühle ziehen lassen, Dringliches notieren – für später. So stellt sich nach einiger Zeit die heutige, relative innere Ruhe ein.

4. Den Bibelabschnitt lesen, dann den Stille-Impuls. Zum Bibeltext zurückkehren, ihn mehrmals – wenn möglich laut – lesen, bis er lebendig wird.

5. Das Bibelwort betrachten (vgl. »Einen biblischen Impuls aufnehmen«, S. 118)

6. Einen bewussten Schluss setzen

7. Auf die Einkehrzeit zurückschauen: Wie ist es mir heute ergangen? Nehme ich etwas mit in meinen Tag, die Nacht (ein Wort? eine innere Erfahrung?) Will ich etwas aufschreiben?

Einen biblischen Impuls aufnehmen

Um den Bibeltext mit meinem Lebenstext ins Gespräch zu bringen, greife ich auf eine Methode von Ignatius von Loyola zurück. Ich verlege das Geschehen auf eine innere Bühne und werde so – wie bei einer gelungenen Theaterinszenierung – bewegt und miteinbezogen.

1. Mir vorstellen
Zunächst stelle ich mir in Gedanken den Ort, die Tageszeit, die Personen und ihre Lage vor – bis in Einzelheiten: wie es da aussieht, riecht, schmeckt; was zu hören, über die Haut zu spüren ist usw.

2. Anschauen
In diesem »Bühnenbild« lasse ich dann das Geschehen lebendig werden. Ich schaue auf die Personen: was sie bewegt in Gedanken und Gefühlen; was sie motiviert, legitimiert. Und ich höre, was sie sagen; wie sie miteinander agieren. – Ich lasse mir Zeit, alles zu betrachten.

3. Mich hineinziehen lassen
Mit der Zeit bemerke ich, wie ich ins Geschehen einbezogen werde. Vielleicht trifft mich ein Wort oder eine Handlung. Irgendein Detail kann meine Themen wecken. Und es kommt zum Gespräch zwischen dem biblischen Text und meinem Lebenstext. – In der Folge wird der Akzent je nach Geschichte mehr bei mir oder beim biblischen Geschehen liegen.

4. Was mich bewegt, vor Gott bringen
Kommt die Dynamik dieser Begegnung an ein vorläufiges Ende, bringe ich das, was mir wichtig wurde, mit Dank, Klage, Bitte vor Gott. Ich komme auf das, was mir, was Gott am Herzen liegt (vgl. »Überlegungen zum Beten«, S. 10).

Meine Form des Tagesabschlusses

Eine gute Möglichkeit, um aus dem Funktionieren wieder ins Leben zu finden, ist ein geordneter Tagesabschluss. Wenn Sie ihn nicht erst beim Schlafengehen vornehmen, sondern im Verlauf des Abends, entsteht ein eigentlicher Feier-Abend.
Als hilfreich erweist sich, mit liebender Aufmerksamkeit auf den Tag zurückzuschauen: das heißt, achtsam wahrzunehmen, was zu diesem Tag gehört hat, ohne sich dabei zu bewerten. Was so nahe kommt, kann beim lebendigen Gott mit Dank, Klage, Bitte und Fürbitte abgelegt werden.
Der morgige Tag wird genug an seiner eigenen Sorge haben (vgl. Matthäus 6,34).

1. Ich beginne mit meinem Anfang.

2. Ich mache mir bewusst: Ich bin da vor Gott, und Gott ist da für mich. Ich muss jetzt nichts leisten. Ich darf sein, wie ich bin – mit meinem Leib, Gemüt, meinen Gedanken, Gefühlen.

3. Ich lasse meinen Tag an mir vorüberziehen: Was hat mich heute bewegt? (Stunde um Stunde, Begegnung um Begegnung, im Alleinsein, in der Einkehrzeit mit Gott). Manches sehe ich wie in Zeitlupe; anderes nur schnell. Ich verweile bei dem, was vor mir stehen bleibt.

4. Alles, was bleibt, lege ich im Gebet ab vor Gott – z. B. in Form des Gebets der liebenden Aufmerksamkeit (siehe S. 82) – und ende mit meinem Schluss.

Wie kann es weitergehen? – Tipps und Anregungen

1. Alltag einziehen lassen
Durch besondere Zeiten im persönlichen Jahr oder Gelegenheiten des Kirchenjahrs – Advent, Passions-/Fastenzeit, die Tage zwischen Ostern und Pfingsten – wird es wieder Anlässe geben, sich zu vertiefen.

2. Erkundungen ausschöpfen
Wenn Sie das eigene Erkunden nicht abbrechen lassen wollen, gehen Sie zu Einheiten dieses Buches zurück, die Ihnen nicht ausgeschöpft erscheinen.

3. Einer Bibellese-Ordnung folgen
Wenn Sie sich weiterhin täglich mit einem Abschnitt aus der Bibel beschäftigen wollen, sind die zahlreichen Bibellesepläne hilfreich, zum Beispiel:

- www.evangeliumtagfuertag.org liefert das Tagesevangelium per Mail; vgl. auch: http://de.sacredspace.ie
- das »Direktorium« der römisch-katholischen Kirche für ihr Bistum
- die jährlichen Bibellesepläne der Deutschen, Österreichischen oder Schweizerischen Bibelgesellschaften
- die »Losungen« der Brüdergemeine

Den Tages-Abschnitt jeder Leseordnung können Sie mit den Methoden betrachten, die Ihnen jetzt bekannt sind.

4. Sich von einem anderen Buch anregen lassen
Es gibt zahlreiche andere Bücher, die in die Stille begleiten. Zwei Tipps:
U. Fischer u. a. (Hg.), Mit der Bibel durch das Jahr. Ökumenische Bibelauslegungen, Kreuz Verlag und Verlag Katholisches Bibelwerk
Hildegard Gosebrink, Jeder Tag ein Schritt zu mir. Vier Wochen mit Frauen der Bibel, Schwabenverlag, Ostfildern 2010

5. Sich mit anderen treffen
Gewiss gibt es in Ihrer Nähe Gelegenheit, um Halt zu machen: gemeinsam in die Stille zu gehen, Bibelabschnitte schweigend zu betrachten und Erfahrungen auszutauschen.

6. Stille-Tage einplanen
Beginnen Sie, ab und zu längere Zeiten der Stille einzuplanen, z. B. ein Wochenende oder eine Woche im Schweigen.

7. Sich geistlich begleiten lassen
Lassen Sie sich in Entscheidungssituationen geistlich begleiten.

Die Hauptsache ist, dass Sie leben, was Sie aus dem Bibelwort hören und sich mit Ihrem Leben fruchtbar verbindet. Wenn Sie mir von Ihren Erfahrungen mit dem Haltmachen berichten möchten, freue ich mich über Ihre E-Mail: contact@fehle.ch

Bibelstellenregister

Dank

Mein Dank gilt Ina Praetorius. Seit rund 15 Jahren halten wir werktags täglich eine halbe Stunde gemeinsam Einkehr. Das hat diesem Buch den Boden bereitet. – Die Grundform dieser privaten Andacht ist zusammen mit unserer Tochter Pia Fehle entstanden; darum auch ihr: vielen Dank!

Danken möchte ich zudem Sr. Barbara Bierler, Prof. Christoph Jacobs, P. Peter Koester SJ, Günter Niehüser und Sr. Michaele Rohde, die mich ins geistliche Begleiten eingeführt haben, und den Kursgruppen am Diözesaninstitut in Freising, bzw. beim IMS.

Dank gebührt der ökumenischen Jesus-Bruderschaft in Gnadenthal und den evangelischen Kirchgemeinden, katholischen Pfarreien und freikirchlichen Gemeinden, die sich in ökumenischem Rahmen auf Projekte »geistlicher Erkundungen« eingelassen haben – und den Kolleginnen Theresia Hermann, Ester Bischof-Bär, Barbara Jäger-Aepli, Sr. Vreni Büchel und Sr. Paula Gasser, die an unterschiedlichen Orten bei diesen Projekten mit mir zusammengearbeitet haben.

Schließlich danke ich Andrea Langenbacher, meiner Lektorin, die das Buch vor sich sah, als ich mich noch fragte.